日本の若者たちは
社会保障を
どう見ているのか

阿部　敦

関西学院大学出版会

日本の若者たちは
社会保障をどう見ているのか

目　次

序　論 ………………………………………………………………………………… 1

第1章　わが国における社会保障政策の現状 ……………………… 9

本章の目的　9
1　わが国における社会保障政策の有効度　9
　(1) 所得再分配機能の現状　10
　(2) 相対的貧困率の現状　13
　(3) 純合計社会支出の現状　14
　(4) 日本債務大国論による反論と「統合政府」　18
2　近年の社会保障政策の進展と安倍「社会保障改革」の特徴　20
　(1) 近年の社会保障抑制政策　21
　(2) 社会保障費用「増額」の本質　23
　(3) 安倍「社会保障改革」の特徴　26
　(4) 安倍「社会保障改革」の具体的手法　29
　(5) 安倍「医療介護一体改革」のアウトプット　31
　(6) 高負担高福祉国家への疑念と経済成長　34
　(7) 財政難という認識と不公平税制　37
3　厚生労働省による「新しい社会保障教育」政策　41
4　先行理論研究と「若年層の抱く社会保障観」　44
5　小括　47

第2章　わが国の若年層が抱く「社会保障観」の現状 …………… 55

本章の目的　55
1　調査の概要　56
2　設問項目　56
3　因子分析に用いる設問と因子抽出　57

4　社会保障観の類型化とその特徴　60
　　5　属性とクラスターにおけるクラメールの連関係数　66
　　6　t検定と相関比による分析　69
　　7　小括　72

第3章　福祉系大学生と福祉系専門学校生の抱く「社会保障観」……75

　　本章の目的　75
　　1　本章の枠組み　76
　　2　アンケート調査の概要　77
　　3　因子分析と因子抽出　78
　　4　t検定と相関比による分析　81
　　5　分析結果の解釈　83
　　6　小括　85

第4章　わが国の若年層が抱く「社会保障観」の未来像 ……………87

　　本章の目的　87
　　1　クラメールの相関係数から考察する「未来の社会保障観」　87
　　2　判別分析から考察する「未来の社会保障観」　89
　　　（1）設問数23問でのクラスター的中率　90
　　　（2）探索的な変数の削除によるクラスター的中率　91
　　　（3）分析結果の解釈　93
　　3　社会的公正さの指標から考察する「未来の社会保障観」　95
　　4　推察される「未来の社会保障観」　99
　　5　損得勘定的な社会保障観の克服に向けて　101
　　6　小括　103

第5章　社会福祉系教員に対するインタビュー調査 ……………107

　　本章の目的　107
　　1　インタビュー調査の概要　108

2　横山壽一先生へのインタビュー　109
　　　（1）分析結果のなかで印象に残ったこと　109
　　　（2）これからの社会保障教育に必要となるもの　113
　　　（3）国民的課題を逆手にとる理論誘導　124
　　　（4）アンケート調査結果について　127
　　3　山田千枝子先生へのインタビュー　128
　　　（1）分析結果のなかで印象に残ったこと　129
　　　（2）実体験からみた分析結果に対する見解　129
　　　（3）これからの社会保障教育に必要となるもの　130
　　　（4）これからの福祉系教員に求められるもの　134
　　　（5）国の政策に求めること　135
　　　（6）その他の見解　137
　　4　カウンターバランスとしてのインタビューについて　138
　　5　山元志歩先生へのインタビュー　139
　　　（1）分析結果のなかで印象に残ったこと　140
　　　（2）国の資格政策に対する見解　142
　　　（3）分野横断型の政策に内在する落とし穴　144
　　　（4）これからの社会保障教育に必要となるもの　147
　　　（5）アンケート調査結果について　151
　　6　小括　153

総　括　157

　　1　本論の要旨　157
　　2　社会保障概念の変容　159
　　3　地域共生社会がもたらす福祉労働のブラック化　160
　　4　国際比較からの再考　163
　　5　結語　165

参考・引用文献一覧　171
初出一覧　177
あとがき　179

序　論

　本論の目的は、大きく分けて3つある。1つ目は、アンケート調査により、わが国の若年層が抱く「現在の社会保障観の特徴」を把握することである。2つ目は、1つ目の知見を踏まえたうえで、彼ら彼女らが抱く可能性が高い「未来の社会保障観」について、その特徴を推察することである。そして3つ目は、前記1と2から導かれた「若年層の抱く社会保障観の現状」と「その未来像」について、その含意を検証することである。

　このような問題意識を有した理由はいくつもあるが、とりわけ重要になるのは、次の認識である。それは、わが国で進展する超高齢社会を長期にわたって支える主体となるのが若年層である以上、彼ら彼女らが抱く「社会保障観」を理解することは、社会保障制度の持続可能性を検証するうえで役に立つ、というものである。

　以上を踏まえ、前述した3つの課題を明らかにする目的で、本論全体を6項目から構成することとした。

　1つ目は、若年層の抱く社会保障観の特徴を把握するうえでの前提的知見として、わが国における社会保障政策の現状について叙述することである。

　2つ目は、前述した知見を踏まえたうえで、学部学科を問わない状態で、現役大学生に対してアンケート調査を行い、彼ら彼女らが抱く社会保障観の実像への接近を試みることである。

3つ目は、アンケート調査の回答者のなかから福祉系学科で学ぶ現役大学生の回答を抽出し、彼ら彼女らが有する社会保障観の特徴を把握することである。今後、わが国の福祉現場の中核となる人材を多数輩出することが想定される福祉系学科で学ぶ現役大学生の抱く社会保障観が、非福祉系学科で学ぶ現役大学生のそれと、統計上有意な差があるのか否かを検証する。そのうえで、仮に差異があるのなら、どのような点で違いが生じているのか、また差異がない場合は、そのことが、わが国の福祉や社会保障教育にとって意味することは何か、などを明らかにする。

　4つ目は、前記の福祉系学科で学ぶ現役大学生の抱く社会保障観を、福祉系専門学校で学ぶ現役学生のそれと比較することである。要するに、教育機関のタイプの違いが、社会保障観の差異を生み出しているか否かを確認するものである。

　5つ目は、学部・学科を問わず、わが国の若年層が抱くであろう「未来の社会保障観」について、クラメールの連関係数、判別分析、そして社会的公正さの指標などを用いて推察することである。

　6つ目は、社会保障・福祉領域に明るい識者に対してインタビューを行い、「若年層の抱く社会保障観の現状」と「その未来像」について、その含意を検証することである。

　なお、各章の要旨は、次のとおりである。その際、前記2つ目と3つ目の課題に関しては、論旨の展開上、同一章で取り扱うこととした。

　第1章では、わが国の社会保障政策の有効度を、所得再分配機能、相対的貧困率、そして純合計社会支出という3つの観点から概観した。先行研究を踏まえた結果、わが国の社会保障政策は、その基本機能において、相当程度、非効率的であることが確認された。また、近年の安倍「社会保障改革」では、単に従来型の社会保障抑制政策の堅持に留まらず、経済再生・財政再生の手段として社会保障改革を最大限に活用するという基本方針が表明されている。これにより、経済政策従属型の社会保障政策とでも呼称可能な社会保障領域の市場化・営利化政策が全面展開されている点で、安倍改革が従来のそれとは異なる次元にあることを叙述した。

なお、こうした政策的傾向は、経済的な水準が介護、医療サービスの確保に直結しやすい社会になることを意味している。それゆえ、少なくない若年層が、現行制度に対して（少なくとも理論上は）批判的なスタンスを有する可能性が推察された。視点を変えて表現すれば、個人レベルでは利己的な社会保障観に傾倒しても不思議ではない状況が見出される、ということである。

　第2章では、現役大学生に対して「社会保障観に関するアンケート調査」を行い、彼ら彼女らが抱いている社会保障観の実像に迫ることとした。その結果、（ⅰ）クラスター分析による若年層の社会保障観は大きく6つに分類された、（ⅱ）そのなかでも、特定の社会保障観を有さないと解釈可能なクラスター3が全体の25.0％を占め、相応の存在感を示した、（ⅲ）若年層に対する負担を否定的に捉えるクラスター2（10.8％）とクラスター6（13.7％）も合計で約25％を占め、相応の存在感を示した、（ⅳ）クラメールの連関係数を用いた場合、属性それ自体単独では各クラスター（≒社会保障観）の形成に対して、強い規定要因にはなり切れていない、という結果が得られた。

　また、同章では、前掲のアンケート調査結果を用いて、「福祉系学科で学ぶ現役大学生の有する社会保障観」にも注目した。t検定や相関比などを用いた結果、「福祉系学科で学ぶ現役大学生が有する社会保障観」と「非福祉系学科で学ぶ現役大学生の有する社会保障観」との間には、顕著な差は見出せないことが判明した。すなわち、福祉を専門的に学ぶことが、特異な社会保障観の形成には連動していない可能性が高い、ということである。

　第3章では、大学とは同じ高等教育機関でも、社会的なイメージとしては実技重視の色合いが強い福祉系専門学校で学ぶ現役学生に注目した。そして、福祉系学科で学ぶ現役大学生の抱く社会保障観と、福祉系専門学校で学ぶ現役学生の抱く社会保障観とを比較した結果、教育機関の差異を加味しても、社会保障観に顕著な差を見出すことはできないことが判明した。

　換言すれば、「福祉系学科（大学）で福祉を専門的に学ぶことの学習効果とは何か」という第2章で導かれた問いに加え、さらに「福祉系専門学校

ではなく、あえて大学の福祉系学科で福祉を専門的に学ぶことの意義とは何か」という問いが、第3章からは導かれたということである。これは、大学における福祉教育のアイデンティティを何に見出すことができるのかという点で、重い問いが内在している分析結果だといえよう。

第4章では、判別分析や社会的公正さの指標などを用いて、若年層の抱く「未来の社会保障観」について検証した。分析の結果、わが国の若年層が抱くであろう未来の社会保障観は、社会保障制度にいくら拠出し、何をどの程度得られるのか、という点において、今後ますます損得勘定的色合いの強い社会保障観になる可能性の高いことが想定された。また、仮にそのような新自由主義的な色合いの強い社会保障観を肯定的に評価しないのであれば、高水準の積極的労働市場政策を伴う社会保障政策の展開が、極めて重要になることが示唆された。

第5章では、社会保障・社会福祉領域に明るい3人の識者とのインタビューを通じて、アンケート調査結果の含意などについて、自由闊達に論じていただいた。識者により問題意識に違いはあるものの、分析結果の大枠的傾向に関しては、日々の教育・福祉活動を通じて得られる認識と「大きな乖離はない」との見解をいただいた。特に、わが国の若年層が抱く可能性が高いとされた未来の社会保障観が、損得勘定的色合いの強い社会保障観になる可能性については、各識者とも「かなりの確率で、そうなるのではなかろうか」という見解を表明されていたことが印象的であった。

なお、各論に入る前に、あらかじめ申し添えておきたいことが3点ある。1点目は、社会保障政策に関して「何をもって正しいと判断するか」は、善かれ悪しかれ、世代による利害得失の観点から評価される傾向が強い、という現実である。その意味では、若年層から見た正しい（≒あるべき）社会保障とは何を今回のアンケート調査結果から見出しやすいとすれば、高齢者を対象にしたアンケート調査を行えば、それは、彼らの世代から見た正しい（≒あるべき）社会保障とは何かを示唆するものとなりやすい可能性がある。もちろん、人によっては、世代レベルにおける利害得失の観点を克服した社会保障観を支持する可能性もあるだろう。とはいえ、

今回の調査結果に関しては、先のような可能性が生じやすいことを申し添えておきたい。

　2点目は、アンケート調査を実施するにあたって生じた、様々な制約に関することである。まず、予算の限られたアンケート調査に伴う標本数の制約がある。そのうえで（詳細は本文中で記しているが）アンケート調査の実施を快諾していただいた大学では、窓口教員を介して調査を依頼した経緯がある。

　もとより、社会保障・社会福祉に関するアンケート調査ということで、調査そのものに前向きに対処していただけた大学は、福祉系学部・学科を擁するケースが多かった。また、そのため、窓口教員の所属学部・学科も、福祉系であるケースが多くなった。

　こうした事情もあり、結果的にアンケート調査の回答者に占める福祉系学部・学科で学ぶ現役学生の割合が高くなったが、その反面、自然科学系を主専攻とする学生からの回答数は限定的となった。さらに、調査実施時期の関係から、就職活動で大学に来る機会が限られる4回生からの回答は、相対的に少なくなった。このように本アンケート調査には、一定の偏りが認められる。それゆえ、第2章以降で紹介するアンケート調査結果に関しては、たとえば、福祉系を主とした社会科学系大学生（主に2年生から3年生）の回答傾向に過ぎない、といった批判が可能である。

　しかしながら、社会保障・社会福祉領域に明るいことが合理的に期待される当該領域を主専攻とする現役大学生ですら、仮にその多くが「権利としての社会保障」よりも「買う福祉」という社会保障観に親和的である可能性が高い、ということになれば、福祉を主専攻としない者の社会保障観がどのようなものになるのかは、ある程度の合理性をもって推し量ることができるのではなかろうか。もちろん、このような解釈は仮説の域を出るものではない。とはいえ、結果として福祉を主専攻とする学生が回答者の多くを占めた今回の調査は、前記のような発展的な知見を推察しやすいという意味において、利点になり得る面も内包しているといえよう。

　3点目は、先行調査に関することである。社会保障や社会福祉に関する

意識調査は数多く、そうした先行調査からは、有益な知見を見出すことができる。とはいえ、社会的影響力を有するいくつかの意識調査に関しては、疑問符が付く場合も少なからず見受けられるのも実情である。

　たとえば、『厚生労働白書』（平成24年）では「社会保障に関する国民意識調査」が紹介されている。そしてこの調査結果に関して、社団法人日本医師会は、同会の定例記者会見（2012年9月5日）で、次のコメントを表明している。

　　「社会保障に関する国民意識調査」の調査手法に問題がある。同調査は株式会社三菱総合研究所に委託し、株式会社マクロミルのネットリサーチに登録しているモニタに回答を依頼したものである。株式会社マクロミルのサイトにモニタ登録し、アンケートに回答すると、アンケート内容や質問に応じてポイントが貯まり、指定銀行に振り込んで換金したり、インターネット通販のポイントなどに交換したりすることができる。モニタの抽出にあたっては、対象者（20歳以上）を「居住地（全国8ブロック）、年齢、性別による構成比に応じてサンプル割付」を行ったとあるが、そもそも、このようなサイトの登録者が、国民を代表しているといえるのか、はなはだ疑問である。

　この日本医師会による『白書』批判は、至極真っ当な批判である。しかし現実レベルでは、ひとたび『白書』などの公的な文書に掲載されると、こうしたデータの問題点は軽視され、導き出された数値と見解だけが独り歩きをすることになるのである。
　同様の恣意的な調査の実施と公表は、その後も見受けられる。最近の例では、わが国の貧困率は減少したとする厚生労働省の公表（2017年6月）への批判がある。というのも大沢真理（東京大学教授）が厚生労働省の主張を改めて検証したところ、厚生労働省が非常に恣意的な計算方法を用いて、貧困率の改善を主張していたことが明らかになったからである。それゆえ、大沢は「貧困率が下がった、事態は改善しつつあると厚生労働白書

も楽観的な書きぶりなのには呆れます」と辛辣なコメントを呈している程である。

さらに、働き方改革関連法案を巡っては、2013年度の「労働時間等総合実態調査」が用いられた経緯があるが、そこに不適切なデータが相当数認められた。その結果、厚生労働省は、調査対象の約2割に相当する事業所データ（全1万1,575事業所のうち計約2,500事業所分）を削除することとなった。このように、国が公表するアンケート調査やデータ、およびそこから導き出される見解のなかには、その信憑性に関して相当の疑義が生じているケースも少なくない。

既述のとおり、本論で叙述するアンケート調査にも、いくつかの制約を認めることができる。とはいえ、前記「社会保障に関する国民意識調査」や、その後の厚生労働省による貧困率の計算方法にみられたような恣意的な分析手法は、筆者なりに回避してきたつもりである。そのうえで、今回のアンケート調査では、厚生労働省における社会保障観に関する従来の調査では、ほとんどみられなかった設問を組み込んだ経緯もある。

それゆえ、今回のアンケート調査結果を通じて明らかになる、わが国の若年層が抱く社会保障制度・政策に対する危機意識や諦め感、その一方で抱く、もしくは抱かざるを得ない希望や期待についても、思いを馳せながら読んでいただければ、筆者としても幸いである。なぜなら、これからの社会保障を最も長期間にわたって支え続けるのは、既述のとおり、他でもない彼ら若年層になるからである。

注
1 城繁幸・小黒一正・高橋亮平（2010）『世代間格差ってなんだ ── 若者はなぜ損をするのか？』PHP。鈴木亘（2010）『社会保障の「不都合な真実」── 子育て・医療・年金を経済学で考える』日本経済新聞出版社。
2 大沢真理・宮本太郎・武川正吾（2018）「座談会 本来の全世代型社会保障とは何か（特集 反貧困の政策論）」『世界』（904）、77頁。
3 朝日新聞（2018）5月15日。

4 本論第2〜4章の統計分析に関しては、当該領域に明るい中川一成氏（株式会社エスミ・アプリケーション開発部）に、分析手法および分析結果の解釈に関して、その妥当性を確認していただいたことに深く感謝を申し上げたい。特に第4章で用いた判別分析を行う際、探索的な変数の削除を行う必要性をご指導いただいたことは、大変貴重なアドバイスであった。

5 厚生労働省が行っている統計調査は多々あるが、本論で取り上げる社会保障に関する意識調査としては、「社会保障制度企画調査」による調査結果がある。近年の調査としては、「平成28年社会保障を支える世代に関する意識調査」、「平成27年社会保障における公的・私的サービスに関する意識調査」、「平成25年社会保障制度改革に関する意識等調査」、「平成24年高齢期における社会保障に関する意識等調査」、「平成22年社会保障を支える世代に関する意識等調査」、「平成21年社会保障における公的・私的サービスに関する意識等調査」などがある。

　しかしこれらの調査では、第2章以降の調査で射程に入っている大学1年生、2年生（誕生月次第では18歳〜19歳）は組み込まれておらず、また、そもそも若年層に特化した意識調査ではない。さらに、分析手法に関しても、本論第2章〜第4章で用いた統計的手法（例：クラスター分析や判別分析）を用いているわけではない。

第 1 章

わが国における社会保障政策の現状

本章の目的

　本章では、わが国の若年層が抱く社会保障観に接近するうえでの前提的知見として、近年の社会保障政策の特徴について、マクロ的な観点から叙述する。この目的を果たすため、本章では、(1) わが国における社会保障政策の有効度、(2) 安倍「社会保障改革」を基軸とした、近年の社会保障政策の展開とその特徴、(3)「新しい社会保障教育」政策の基礎的特徴、(4) 福祉国家類型論などの先行理論研究を踏まえた際の本論課題の含意、の4項目について取り上げる。

　なお、本章では複数回にわたり、近年の社会保障改革に対する批判的検証を組み込んでいる。これにより、現行政策の本質が、よりよく可視化されることになる。

1　わが国における社会保障政策の有効度

　社会保障制度・政策の有効度を測定することは、決して容易なことではない。なぜなら、そもそも社会保障の概念が、国により、時代により、そ

して論者により異なるからである。しかし、「貧困階層＝救貧＝公的扶助」、「低所得階層＝防貧＝社会福祉」という基本認識をベースにするならば、所得再分配機能の効果と相対的貧困率の現状は、重要なクライテリアになる。さらに、純合計社会支出に注目することで、社会保障政策の実態把握に資する面もある。よって本節では、これら３点から、わが国における社会保障政策の現状に接近する。

なお、大沢真理（東京大学教授）が指摘するように、労働者の生活保障としては、所得再分配以上に１次的分配が重要である、とする見解が成り立つことは確認しておきたい。大沢の表現を用いれば、労働力が売れた場合において、不当に買い叩かれたり、使い潰されたり、もしくは使い捨てられたりしないように保護されていれば、再分配はそれほど重要ではなくなる。しかし、現実には不当に買い叩かれ、使い潰される労働者が多発している。そこで本章では、こうした前提を踏まえたうえで、国の社会保障政策の有効度合いに注目する。

(1) 所得再分配機能の現状

はじめに、所得再分配機能の効果について確認する。これに関しては、10年以上前のデータに依拠しても、近年のデータに依拠しても、同様の傾向を見出すことができる。それは、わが国の社会保障政策における所得再分配機能には、限定的な効力しか認められない、という傾向である。

この点を確認するにあたり、榊原英資がOECDの資料（2006）より作成した図1-1を参照されたい。「市場所得による相対的貧困率」と「所得再分配後の相対的貧困率」とを国際比較した同図を見れば、わが国における所得再分配機能が限定的であったことは明白である。当然ながら、榊原はこの事実を批判的に論じている。

同様の指摘は、その後の調査においても当てはまる。たとえば、中田大悟（独立行政法人 経済産業研究所 研究員）は、同研究所が公開しているディスカッションペーパー「税・社会保障の所得再分配効果――JSTAR

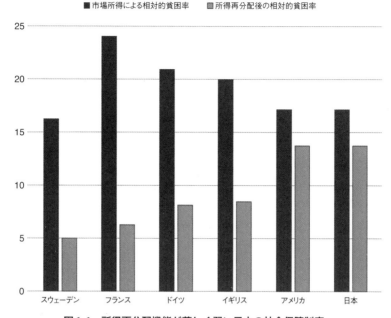

図 1-1　所得再分配機能が著しく弱い日本の社会保障制度

資料：資料：榊原英資（2011）『日本をもう一度やり直しませんか』〈日経プレミアシリーズ〉日本経済新聞出版社、54-57 頁、61-63 頁。

注：図 1-1 に関しては、同図を掲載した榊原の資料を尊重しているが、わが国の所得再分配調査としては、厚生労働省・政策統括官付政策評価官室による「所得再分配調査」がある。同調査は無作為に抽出した一般世帯を対象に、3 年ごとに実施しており、2018 年 7 月時点での最新の調査結果は、「所得再分配調査　平成 26 年」（2016 年 9 月 15 日公開：http://www.mhlw.go.p/toukei/list/96-1.html）に掲載されている。また、わが国の統計データに関しては、政府統計ポータルサイト e-Stat（https://www.e-stat.go.jp/）で検索可能である。よって、ここで紹介した所得再分配に関する詳細なデータに関しては、上記サイトを参照されたい。

による検証」（2012 年 8 月）において、2007 年と 2009 年に実施・収集されたデータを基に、所得再分配効果を検証している。その結果、「日本の税・社会保障の再分配機能は、65 歳以上の年金受給世代の世帯でしか機能しておらず、現役世代においては、ほとんど機能していないか、もしくは、指標によっては格差が悪化している可能性があることが確認された[3]」と結論付けている。

近年においても、こうした指摘に変化はない。たとえば、前出の大沢真

理は、公益財団法人 庭野平和財団が主催した公開シンポジウム（2017年3月4日）において、社会保障制度により、貧困層がさらなる貧困に直面している現実を、下記のように指摘している。いわゆる社会保障の逆機能の存在である。

　「所得の再分配」とは本来、収入から税金や社会保険料などを徴収し、それを国の社会保障政策の財源に充てて、働けない人や収入の低い人などに対する福祉の充実を図るものです。しかし日本では、「所得の再分配」による貧困削減の効果が低いのが実情です。それどころか、「所得の再分配」が行われることで、かえって貧困でなかった人を貧困に陥れてしまっています。低所得の世帯では就業者が増えるほど、こうした「マイナスの効果」の影響が強くなります。これはOECD諸国のなかで日本だけに見られる異常な現象です。
　なぜ、「マイナスの効果」が強まるのでしょうか。理由の一つに、所得に占める社会保険料負担の割合が、日本では所得が低ければ低いほど重くなるという性質が挙げられます[4]。

　所得再分配機能による貧困改善率が限定的である、というのなら理解の範疇である。しかし、社会保障政策が貧困の悪化を招いているケースが少なくない、という大沢の分析結果は、防貧と救貧の観点からみて明らかに不当である。それゆえ、こうした指摘の信憑性を疑う人が出てきても不思議ではない。とはいえ、大沢がその主張の根拠としたデータをここで紹介せずとも、こうした逆機能は、社会保障制度のなかに、いくつも認めることができる。
　たとえば、わが国の社会保障制度の中核を成すのは社会保険制度であるが、その一つである介護保険制度においては、市町村民税本人非課税者（本人は市町村民税が非課税だが、その世帯に属する者のなかには課税されている人がいる者）とともに、市町村民税世帯非課税者からも保険料を徴収する方針が採用されている[5]。これは、所得が低いゆえに納税を免除さ

れた人たちからも保険料を徴収することを意味している。こうした制度があれば、低所得者層の生活がより圧迫されるのは当然のことである。

(2) 相対的貧困率の現状

既述のとおり、わが国における所得再分配機能の効果は限定的であり、場合によっては逆機能として作用している。とはいえ、仮に貧困層が規模として限定的であるのなら、こうした事例は例外的なケースに留まる。そこで確認すべきは、わが国の貧困率である。たとえば、政府統計のうち相対的貧困率を算出している調査としては、総務省の「全国消費実態調査」と、厚生労働省の「国民生活基礎調査」を挙げることができる。

とはいえ、相対的貧困率の現状を列挙する前に、確認すべきことがある。それは、「厚生省（現・厚生労働省）の低消費水準世帯の推計は1965年で終了し、2009年の相対的貧困率の公表まで、日本には公的な貧困率の推計がない[6]」という事実である。長年に亘るこうした姿勢一つを取ってみても、わが国が貧困問題に対して誠実に取り組んできたとは言い難いことが理解されよう。

2015年12月18日、内閣府、総務省、厚生労働省は、「相対的貧困率等に関する調査分析結果について」を公表しており、同年公表された「国民生活基礎調査」に基づく貧困線は年収122万円、相対的貧困率は16.1％であることを示している[7]。これによれば、国民のおよそ6人に1人が貧困層に該当する。また、「平成28年 国民生活基礎調査の概況」によると、日本の子どもの貧困率は13.9％で、子どもの約7人に1人が貧困状態に直面している。さらに、前出の大沢真理によれば、近年の高齢者層の貧困率は20％を超えているとのことである[8]。このように、わが国では世代を問わず、貧困が広がりを見せているのが実情である。

もっとも、相対的貧困率には留意が必要である。というのは、何をもって貧困と規定するのか、識者により幅が生じているからである。

たとえば、相対的貧困率よりも、生活保護基準を貧困線とする考え方も

ある[9]。また、繰り返される生活保護基準の切り下げにより、「果たして、現行の生活保護基準が、健康で文化的な最低限度の生活を満たすだけの水準にあるのか」という疑問が生じることから、より憲法的な価値に則した貧困線を提唱する論者もいる。

その一例として、金澤誠一の貧困線に関する研究では、(1) 健康で文化的な最低限度の生活を営むための最低生計費、(2) 現実としての最低賃金、(3) 同じく現実としての生活保護基準、という3つの観点から (1) と (2)、(3) との乖離の程度を検証している。その結果、相対的貧困率はもちろん、生活保護水準ですら、それを貧困線とすることが、もはや妥当とは言い難い、と金澤は結論付けている[10]。

こうした現状を鑑みたとき、所得再分配機能と同様に、(相対的貧困率を含む) 貧困率に関しても、かなり厳しい現状を確認せざるを得ない。それゆえ、こうした先行研究に依拠した場合、わが国の社会保障政策を肯定的に評することは極めて困難である。

(3) 純合計社会支出の現状

前記のとおり、防貧機能と救貧機能に注目したとき、わが国の社会保障政策を肯定的に評することは困難である。そのうえで、社会保障政策の有効度を検証する今一つの手段として、純合計社会支出（net total social expenditure）に注目する手法がある。

社会保障の規模を国際比較する場合、公的な社会支出が比較対象になることが少なくない。しかし公的な社会支出が少ない国の場合、必要なニーズに対応するため、家計を中心とした私的部門の支出を増やさざるを得ない可能性が高くなる。換言すれば、負担の仕方は異なっても公私を併せたトータルとしての社会支出負担で捉えた場合、国家間の差異が小さくなるのではないか、ということである[11]。そこで公私双方の負担を統合した（対GDP比の）指標として注目されるのが、前述した純合計社会支出である。

これに関して、内閣府「社会保障・税一体改革の論点に関する研究報告

書」に記載された2007年の結果をみると、「高福祉とされてきたスウェーデン（粗公的社会支出、対GDP比32.1％）とアメリカ（同17.4％）の差は、〔純合計社会支出でみた場合〕僅か0.3％ポイント（＝27.8-27.5）に縮小した[12]」とある。また、同じ2007年の結果で見た場合、日本の純合計社会支出は、実は福祉国家と評される北欧のノルウェーやフィンランドのそれより高く、全体としてみてもOECD平均を超えている[13]。その意味で、日本の純合計社会支出が低いわけではないことが理解される。

ただし、純合計社会支出はOECDの平均以上であるにもかかわらず、日本の「貧困削減率」（2000年代半ば）は、ほとんど最下位にある。事実、OECD（2009）のデータから作成された「世帯の就業形態別の貧困削減率の国際比較」によると、「成人全員が就業している世帯」、「有業者がいる世帯」、「世帯主が労働年齢の全世帯」のいずれにおいても、貧困削減率はほぼ最下位に位置しているか、むしろ逆機能を起こしている[14]。また、近年においても貧困率が高止まりしている状況は、前述したとおりである。

こうした現実を踏まえ、前出の大沢真理は、全体として「使っているお金は少なくないのに、貧困を抑えられていない。つまりは、きちんと再配分ができていない、コストパフォーマンスが悪いということなのです[15]」と評している。そのうえで大沢は、「歳入を増やして再分配を強化することは、私的負担の減少にもつながり、必ずしも公私をあわせた家計の純負担の全体を増やすことにはならない[16]」とも指摘している。要するに、公的責任による社会保障政策の規模とパフォーマンスの双方における改善が強く求められる、ということである[17]。

同様の見解は、その後のデータからも確認することができる。たとえば、OECD（2016）の日本語資料「社会支出は多くのOECD諸国で、過去最高水準で高止まりしている」によると、「総公的社会支出、総私的社会支出、税制の影響を総合すると、純社会支出合計の指標が得られる」との記載がある[18]。前出の内閣府「社会保障・税一体改革の論点に関する研究報告書」では「純合計社会支出」が、後年のOECDの日本語版資料では「純社会支出合計」になっており、表現に微妙な差があるが、その意味は同じで

表1-1 総公的社会支出と純社会支出合計の順位（対GDP比〔市場価格表示〕2013年度）

国名	総公的社会支出の順位	純社会支出合計の順位
フランス	1	1
アメリカ	24	2
ベルギー	3	3
オランダ	15	4
デンマーク	4	5
日本	14	6
スウェーデン	7	7
イタリア	5	8
イギリス	17	9
ドイツ	11	10
ポルトガル	10	11
フィンランド	2	12
オーストリア	6	13
ギリシャ	9	14
スペイン	8	15
スイス	23	16
スロヴェニア	12	17
カナダ	27	18
オーストラリア	25	19
アイルランド	20	20
ノルウェー	18	21
ハンガリー	16	22
チェコ共和国	19	23
アイスランド	28	24
ルクセンブルグ	13	25
ニュージーランド	22	26
スロバキア共和国	26	27
イスラエル	29	28
ポーランド	21	29
エストニア	30	30
トルコ	31	31
チリ	32	32
韓国	33	33
メキシコ	34	34

資料：OECD（2016）「社会支出は多くのOECD諸国で、過去最高水準で高止まりしている」（7頁）を、筆者が再編したもの。Social Expenditure Update（October 2016）www.oecd.org/social/expenditure.htm（最終閲覧2018年8月7日）。なお、前出の内閣府「社会保障・税一体改革の論点に関する研究報告書」を紹介した際には、税制の影響については叙述していないが、社会支出の国際比較（対GDP）において、税制の影響を加味するのは自明の理である。そうしたこともあり、同資料の脚注25には、「ここで用いられるGDP比は、付加価値税など間接税の影響を除くため、要素価格表示のGDPを用いている」などと、税制の影響を考慮しての算出である旨が明記されている。後年のOECDの日本語訳において「総公的社会支出、総私的社会支出、税制の影響を総合すると、純社会支出合計の指標が得られる」と「税制の影響」が付記されているのは、そうした事由によるものである。

ある。事実、直後に掲載する表1-1の元々の表現（英語版の7頁）では、純社会支出合計はnet total social expenditureと、内閣府の報告書で明記されていた英語表現と同じになっている[19]。

こうした前提を踏まえ、ここで注目すべきは日本の立ち位置である。前出のOECD（2016）の資料を基に作成した表1-1によると、日本の総公的社会支出は、純社会支出合計になると、その順位を大きく上げている（調査対象となった34か国中の14位から6位へ上昇[20]）。これは、公的部門からの支出が少なく、総私的社会支出を多くせざるを得ないことから、純社会支出合計の国際比較では、結果的に順位が上がっていることを意味する。

なお、日本と類似するケースは、オーストラリア、カナダ、アメリカにおいて見受けられる。そのなかで、象徴的な国はアメリカである。実際、総公的社会支出の順位は（34か国中の）24位に留まるのに対して、純社会支出合計では2位へと躍進している。その背後にあるのは、限定的な公的医療保険をカバーする目的で、医療費の私的負担に多くの国民が苦悩している現実である。

アメリカは日本と同様に、純社会支出合計では上位に位置するものの、貧困層拡大社会である。しかし表1-1にある純社会支出合計の観点から見た場合、そのアメリカや日本の前後に位置する国は、福祉国家のベルギー、デンマーク、スウェーデンである。オランダに至っては、総公的社会支出の順位と純社会支出合計の順位のいずれにおいても、日本の近いところに位置している。しかし、これらの国の貧困率（とりわけ子どもの貧困率）は、日本やアメリカとは大きく異なり限定的である。

こうした現実を直視すれば、前出の大沢による（貧困の拡大を抑えられないという意味での）コストパフォーマンスの悪さを再確認せざるを得ないといえよう。先程も用いた表現になるが、公的責任による社会保障政策の規模とパフォーマンスの双方における改善が強く求められる、ということである。

(4) 日本債務大国論による反論と「統合政府」

　ここまでに、わが国における社会保障政策の有効度を、所得再分配機能と相対的貧困率、および純合計社会支出（純社会支出合計）の観点から批判的に検証した。とはいえ、こうした現行制度・政策に対する否定的評価は、財源不足、および、増税に対する国民側の抵抗（→ゆえに、社会保障制度の充実は、その必要性にもかかわらず容易ではない）などによって、再批判される傾向にある。いわゆる財源不足を論拠の一つとした日本債務大国論による現状政策に対する追認・是認的見解の表明である。

　もっとも、こうした反論の妥当性に関しては、別途検証されるべきである。というのは、多くの先行研究により、そのような見解には、相応の疑義が指摘されているからである[21]。要するに、わが国は債務大国であるため、社会保障政策の充実は、それが望ましいとしても、現実レベルでは不可能である、とする見解への批判である。

　もっとも、本論全体で明らかにすべき課題を鑑みたとき、財政制約論に対する反論の詳述は控えざるを得ない。とはいえ、マクロ的観点から捉えたとき、井上智洋（早稲田大学助教）による次の指摘（2014 年 12 月時点）に関しては記しておきたい。井上は、次のように述べている。

　　政府の借金は 1,000 兆円を超えており、さらなる借金の増大を危惧する人は多い。ところが、実は近年「国の借金」は減少傾向にある。
　　経済学では、政府と中央銀行を合わせて「統合政府」と呼ぶ。政府と中央銀行はともに公的部門であり国の機関であるはずなので、「国の借金」とは「政府の借金」ではなく「統合政府の借金」を意味していなくてはならない。
　　中央銀行が買いオペにより、民間銀行の保有する国債を買い入れれば、それだけ民間部門の国債は回収される。近年、日銀による国債の買い入れ額は、国債の新規発行額を上回っている。つまり、民間部門の国債保有額は減っており、「国の借金」も減っているのである。それゆえ、

今のところ増税は必要ない[22]。

　拙稿でも叙述していることだが、わが国の財政状況に対する評価には、論者により相当の幅がある[23]。とはいえ、「仮に金融資産を加味したとしても、わが国は債務大国である」とする認識が多数派を占めているのは事実である。それゆえ、増税に対する抵抗感を抱きつつも、ある程度の増税は致し方ないとする世論が形成されることになる。また、その延長として、社会保障抑制政策も是認せざるを得ない、とする構図が生み出されることになる。しかし、井上が指摘する統合政府という観点に依拠した場合、わが国の債務は、高齢化のさらなる進展にもかかわらず、意外にも減少している。その結果、増税の必要はないとのことである。
　なお、これに類似する見解は、ノーベル経済学賞受賞者のジョセフ・E・スティグリッツ（コロンビア大学教授）の発言にも認めることができる。スティグリッツは、経済財政諮問会議（2017年3月14日）に出席した際、日本政府・日銀が保有する国債を相殺（国の債務を国の資産とグロスで検討）することで、政府債務が「瞬時に減少」し、「不安は和らぐ」と指摘している。また、債務の永久債や長期債への組み換えも提言し、これにより「金利上昇リスクは移転可能」と主張している[24]。
　そして、このスティグリッツの見解に関して、髙橋洋一（嘉悦大学教授）は「端的にいえば、『財政再建の必要はないし、消費増税もやめなさい』[25]」という意味になると解説している。また髙橋は、同じくノーベル経済学賞受賞者のポール・クルーグマン（ニューヨーク市立大学教授）による類似の見解も踏まえ、「ノーベル賞学者らが述べたのは『日本の財政状況はそれほど悪くないのだから、デフレ脱却まで消費増税をしないほうがよい』という」[26]ことになる、と叙述している。このように、前出の井上による統合政府の見解と同様、わが国の債務だけでなく資産にも目を向ければ、財務省が主張するような財政危機ではない、とする見解をここに見出すことができる。
　もちろん、こうした見解の妥当性は、従前の財源不足論などと同様、別

に問われるべきではある。しかし、こうした見解があるからには、社会保障抑制容認論を当然視するような論調には、留意が必要であることだけは間違いないといえよう。

　なお、財務省の公表（2018年5月25日）によると、日本の政府や企業、個人が海外に持つ資産（対外資産）から負債を差し引いた対外純資産は328兆4,470億円となり、2位のドイツ（261兆円）を大きく引き離し、27年連続で世界最大とのことである。このように国内だけでなく、国外の資産と負債の現状にも目を向ければ、少なくない人のなかでは現状認識に相応の変化が生じることになるであろう。その意味でも、何をもって日本が債務大国であるとするのかに関しては、やはり留意が必要である。

2　近年の社会保障政策の進展と安倍「社会保障改革」の特徴

　ここまでに叙述したように、わが国における社会保障政策は、非効率的と評することが妥当である。また、そうした政策的特徴を、積極的ではないにしろ是認する論調の根拠である財源不足論には、少なからず疑義が生じていることも指摘した。

　しかし、近年の社会保障政策をとりまく動向は、社会保障抑制政策と並行して、従来以上に、市場化・営利化路線を強く押し出している点、消費税を社会保障財源の中核と規定している点、さらには、不公平と評されても致し方ない課税制度を維持・強化している点において、より一層の注視が必要となっている。

　しかも、安倍政権が進める社会保障改革は、こうした従来型の社会保障抑制政策を堅持しつつ、並行して経済政策従属型の社会保障政策（＝同領域の市場化・営利化路線）を強く打ち出している点で、従来型の抑制政策とは次元の異なる部分もある。このような事由から、本節では、安倍「社会保障改革」を中心に、近年の社会保障政策の展開とその特徴について、端的にではあるが確認する。

(1) 近年の社会保障抑制政策

　超高齢社会に直面したわが国では、当然ながら、社会保障政策をどのようにバージョンアップさせるのかが鋭く問われてきた。公的責任の重視を前提に、応能負担で必要充足という社会保障制度の構築を支持する論者もいれば、その対極である市場化路線をベースに、応益負担の強化を指向する識者も認められる。このように、バージョンアップの方向性には、論者間に相当の幅がある。

　そして現実レベルでは、介護保険制度の成立とその後の展開に象徴されるように、わが国の社会保障制度は、幾度もの改変を経て、その範囲を縮小させることは多々あったが、それでも基本的方向性としては、制度で取り扱う対象者やサービスの範囲を拡大させてきた。とはいえ、そこには公的責任の縮小と変容、応能負担から応益負担への移行強化などの諸政策が伴っており、社会保障領域の市場化・営利化路線も強化されてきた。換言すれば、福祉サービスの範囲や内容は拡大しつつも、経済格差が利用格差に連動しやすい状況が生み出されてきた、ということである。

　こうした政策的特徴は、社会福祉基礎構造改革路線と呼称され、経済的に富裕な層を除く多くの国民からすれば、社会保障抑制政策として捉えることが可能である。これに関しては、民主・自民・公明の三党合意（2012年6月）による社会保障・税一体改革関連8法案の成立（2012年8月10日）が一つの契機になる。実際、三党合意直後に成立した社会保障制度改革推進法（2012年8月22日法律第64号）および社会保障制度改革プログラム法[28]（2013年12月5日法律第112号）などは、その後の抑制政策を規定する法律になった。

　はじめに、社会保障制度改革推進法について解説する。同法はわずか15条という短さにもかかわらず、多くの点で注目に値する。とりわけ重要になるのは、社会保障給付に要する費用に関して、「主な財源には、消費税及び地方消費税の収入を充てるものとすること」とした点である（同法第2条）。なぜなら、これには「社会保障給付の財源は、事実上、消費税

に限定する」という意味が込められているからである。[29]換言すれば、国民が社会保障の改善を求めたとしても、その実現には、日常生活を直撃する消費税の増税が伴うことになるため、国民の要求を一定の範囲内に抑え込むことが容易になった、ということである。

次に、社会保障制度改革プログラム法である。同プログラム法は、前記の社会保障・税一体改革を、具体的にどのように進めてゆくべきかを、あらかじめ定めた法律である。また、この法律を受け、その後の政策の進捗状況などを検証する目的で設置されたのが、安倍晋三首相を本部長とする社会保障制度改革推進本部と、社会保障制度改革推進会議（有識者会議）になる。このように、同プログラム法は、安倍「社会保障改革」の骨格を成す法律である。

同法の注目点としては、前述したような同法に基づく新たな制度、政策の施行およびその進捗状況の検証以外にも、実質的に「社会保障制度改革の目的を『受益と負担の均衡』に限定するとともに、政府の役割も自助・自立のための環境整備に限定[30]」するとした点を挙げることができる。また、個別法改正の促進なども重要になる。

たとえば、同プログラム法に沿う形で、医療介護総合確保推進法（2014年6月）[31]や医療保険制度改革関連法（2015年5月）[32]が成立したわけだが、これにより、社会保障抑制政策と社会保障領域の市場化・営利化路線が、より一層、加速することとなった。また、31本もの法律を一括した地域包括ケアシステム強化法案の成立（2017年5月）[33]は、個別法改正の象徴である。

さらに、前記プログラム法の施行による新たな法律の制定や法改正の流れを受けることで、既存の抑制政策は、その抑制度合いを増すこととなった。その一例として、総務省「公立病院改革ガイドライン」（2007年12月）と、その改訂版となる「新公立病院改革ガイドライン」（2015年3月）を挙げることができる。

実際、2007年のガイドラインにより地域医療抑制政策が推し進められてきた結果、2004年には999の公立病院が存在していたが、2014年には881病院にまで減少、病床数も同期間に2万5,000床あまり減少した。[34]2015

年の新ガイドラインにおいても、同様の抑制政策は継続するわけだが、公立病院を含む他の運営形態の病院も加味した場合、2025年の都道府県の入院ベッド（病床）数の増減は、2013年時点のそれと比較して全国で156,118減、率にすると11.6％もの減少になるとのことである。[35]医療ニーズが増す後期高齢者数が急増するなかで、しかも短期間にこれほどの数の病床が削減されるということは、地域医療にとって相当のダメージになることは、容易に理解される。

　もちろん、こうした抑制政策が医療ニーズが減少した結果の削減であれば、理解の範疇である。実際、削減するうえでの論拠の一つは、赤字病院の淘汰であることから、「赤字＝医療ニーズが限定的」と解釈する人がいても、理論上、矛盾はないだろう。

　しかし前述した公立病院は、もともとの使命として、採算の取りにくい医療の特殊部門、さらには拠点病院としての機能（たとえば、小児救急医療拠点病院、へき地医療拠点病院）などに重きを置いている。よって、現状の低い診療報酬に象徴される医療抑制政策の下では、期待される前記の医療を提供すればするほど、不可避的に赤字状態に陥る構造になっているのである。[36]そうした構造的要因および公立病院が有する社会的使命を軽視しての（赤字運営だからという理由による）削減・廃止政策は、文字通り、地域医療の弱体化に直結する。

　なお、厚生労働省「平成27年（2015）医療施設（動態）調査・病院報告の概況」（2015年6月末）によると、[37]全国の病院における病床数の14.5％は、公立病院になるとのことである。このデータが公表されるに至る過程で、少なくない公立病院が廃止・統廃合されたわけだが、今後も公立病院を含む地域の病院に対する病床数抑制政策は、継続される可能性が高い。よって、従来同様、社会保障抑制政策の影響は甚大である。

(2) 社会保障費用「増額」の本質

　このように、いくつもの新たな法律、法改変、および、それらに付随す

る政策の束を用いることで、わが国における社会保障抑制政策は、近年、その抑制度合いをさらに強固なものとしている。当然ながらこうした現実は、住み慣れた地域社会での生活を困難なものにし得る可能性が高い。

ただし2000年以降に限定しても、社会保障関係費は、当初予算と対前年度増減額で捉えた場合 ―― 基礎年金国庫負担2分の1引き上げ予算を一般会計に計上せず、交付国債の発行で処理した2012年度を除いて ―― 増大している[38]。また、社会保障給付費は、その総額で捉えた場合、1990年には47兆4,153億円だったものが、2014年には112兆1,020億円と、約2.3倍にまで増大している[39]。それゆえ、社会保障抑制政策という表現に違和感を抱く人がいても、それは自然なことである。

しかし、こうした社会保障に関する経費の増大は、高齢化の進展に伴い必然的に増やすべき自然増加分を大きく下回る規模の増加に留まっている。とりわけ、マクロ的な観点からそのことを示す重要な分析結果になるのは、OECD基準、ILO基準のいずれにおいても、対GDP比でみた場合の社会保障費用割合の低下である。

たとえば、国立社会保障・人口問題研究所が公表した「社会保障費用統計（平成27年度）」の「報道発表・概要」資料の1ページ目には、次の記載がある[40]（下線部分は元の記載のまま）。

（1）2015年度の社会支出（OECD基準）の総額は119兆2,254億円であり、対前年度増加額は2兆7,079億円、伸び率は2.3％であったが、GDPの対前年度比は2.8％増であり、社会支出の<u>対GDP比は3年連続で下落した。</u>

（2）2015年度の社会保障給付費（ILO基準）の総額は114兆8,596億円であり、対前年度増加額は2兆6,924億円、伸び率は2.4％であったが、GDPの対前年度比は2.8％増であり、社会保障給付費の<u>対GDP比は3年連続で下落した。</u>

（3）1人当たりの社会支出は93万8,100円であり、1人当たりの社会保障給付費は90万3,700円である。

こうした分析結果からは、社会支出や社会保障給付費は、事実上、抑制されてきたという現実が確認できる。しかも、高齢化の進展にもかかわらず、2015年を基準にした場合、一般会計予算の社会保障関係費の2016年度と2017年度の対前年度増減額は、それ以前と比較して大幅に減額しているのが実情である（表1-2参照）。その理由は、「経済財政運営と改革の基本方針2015」（骨太の方針2015）において、高齢化による社会保障費の伸びを3年間で1兆5,000億円に抑える方針が表明されたことにある。

表1-2 社会保障関係費の推移（億円）

年　度	当初予算	対前年度増減額
2010	272,686	24,342
2011	287,079	14,393
2012	263,901	−23,177
2013	291,224	27,323
2014	305,175	13,951
2015	315,297	10,121
2016	319,738	4,441
2017	324,735	4,997
2010～2017平均	297,479	9,549

資料：梅原英治（2017）「社会保障は財政赤字の原因か？　そうであり、そうでない」『医療・福祉研究』（26）医療・福祉問題研究会、17頁。
注：表1-2に関しては、同表を作成した梅原のデータを尊重し掲載しているが、元となるデータは、『財政統計』（2016年度のデータまで）と、「平成29年度予算のポイント」（2017年度のデータ）になる。これらの元データは、いずれも財務省のホームページで公開されている。

このような現状を直視すれば、社会支出、社会保障給付費、もしくは社会保障関係費の増額が、本質的に何を意味するのかは明白である。なぜなら、ここでの増額は、実質的には相当程度の抑制を意味するからである。しかも、この社会保障関係費の抑制的増額は、少なくとも2020年まで継続することが既定路線となっている。というのも、次項の後半部分で述べる安倍「社会保障改革」における「経済・財政再生計画」では、消費税の

再増税がなければ、高齢化に伴う社会保障費の増加額を年間5,000億円以内に抑えることを目標にすると表明しているからである。

　もっとも、その後に閣議決定された「経済財政運営と改革の基本方針2018～少子高齢化の克服による持続的な成長経路の実現～」(いわゆる骨太の方針2018：2018年6月15日) では、2019～21年度を基盤強化期間と位置づけ、社会保障費の伸びを高齢化相当に抑えることとした。これにより、前述した抑制路線は、さらに長期化するのが実情である。

(3) 安倍「社会保障改革」の特徴

　前記のとおり、「骨太の方針2015」では、高齢化による社会保障費の伸びを3年間で1兆5,000億円に抑える意向が表明された。これに対して「骨太の方針2018」では、社会保障費の伸びに関する具体的な数値目標は明記されなかった。とはいえ、厚生労働省としては、毎年5,000億円程度の増加は維持したいとのことである以上[43]、それは表1-2にもあるとおり、明らかに従来同様の抑制的増額に留まっていることは明白である。このように、わが国の社会保障政策は、引き続き強固な抑制政策下にあるが、そのうえで安倍「社会保障改革」を特徴付けるのは、(1) 生産性革命と人づくり革命をベースにした社会保障抑制政策の展開、(2) 経済再生・財政再建の手段として、社会保障改革を最大限に活用すること、の2点である。

　はじめに、(1)に直結する「新しい経済政策パッケージ」(2017年12月8日閣議決定) について叙述する。「新しい経済政策パッケージ」のベースにあるのは、人生100年時代構想会議 (2017年9月8日設置：議長 安倍晋三内閣総理大臣) と、未来投資会議 (2016年9月9日設置：議長 安倍晋三内閣総理大臣) における議論である。これらの会議の席上、少子超高齢社会における生産性革命と人づくり革命が検討され、その成果が前記政策パッケージとして表明された。

　具体的には、「少子高齢化という最大の壁に立ち向うため、生産性革命と人づくり革命を車の両輪として、2020年に向けて取り組んでいく」「生

産性革命と人づくり革命により、経済成長の果実を活かし、社会保障の充実を行い、安心できる社会基盤を築く」との記述が、同政策パッケージには認められる（同1-1）。こうした「経済成長を以て、社会保障の充実を図る」という文意からも推察されるように、安倍「社会保障政策」は、事実上、経済政策に従属する位置づけであり、後述するように現にそのとおりとなっている。

　こうした知見を踏まえたうえで、同政策パッケージに関しては、さらに以下の2点が重要になる。

　1点目は、人づくり革命の柱として、幼児教育の無償化や高等教育の無償化などを実施する目的で、「社会保障の充実と財政健全化のバランスを取りつつ、安定財源として、2019年10月に予定される<u>消費税率10％への引上げによる財源を活用する</u>。消費税率の2％の引上げにより5兆円強の税収となるが、この増収分を教育負担の軽減・子育て層支援・介護人材の確保等と、財政再建とに、それぞれ概ね半分ずつ充当する」と表記されていることである（同2-8。なお、下線部は筆者による）。

　2点目は、財源に関する補足として、「本経済政策パッケージに必要な財源については、社会全体で子育て世代を支援していくとの大きな方向性のなかで、個人と企業が負担を分かち合う観点から、消費税率引上げによる増収分の使い道を見直して活用するとともに、<u>経済界に対しても応分の負担を求めることが適当である。このため、子ども・子育て拠出金を0.3兆円増額する</u>」としている点である（同2-8。なお、下線は筆者による）。

　これらの項目が重要になるのは、次の理由によるものである。それは、逆進性の強い消費税の増税を是認する言説から先の文章を鑑みたとき、そこには「増税が『目的』で、教育無償化が『手段』にされ[44]」ている、という可能性が認められることにある。実際、企業に対しては企業負担（3,000億円）を求めつつも、その見返りとして、法人税減税策が採用されている実態がある（これに関しては、本章第2節第7項を参照されたい）。

　要するに、こうした教育無償化政策の提言は、その政策名称から抱く心証とは異なり、国民の負担増こそが、その政策の本質であると評すること

が可能である。換言すれば、教育が国民的課題であることを国民自身が強く認識しているがゆえに、その状況を逆手にとって、国民に新たな形で負担を転嫁するプラン（たとえば、自民党による子ども保険など）が検討されている[45]、ということである。事実、こうした認識の妥当性は、現実レベルにおける消費税の使途から補強することが可能である。

たとえば、消費税収の使途については、「制度として確立された年金、医療及び介護の社会保障給付並びに少子化に対処するための施策に要する経費に充てるものとする」と規定されていることから（消費税法第1条第2項）、「社会保障4経費（年金、医療、介護、少子化対策）に限定されている[46]」。しかし、宮本太郎（中央大学教授）によると、2016年度の国家予算では、消費税引き上げ（3％）によって生じた増収分8.2兆円のうち社会保障に充当したのは1.35兆円に過ぎず、その相当部分は国の借金返済に充てられた、とのことである[47]。

また、前記のとおり、「新しい経済政策パッケージ」では「2019年10月に予定される消費税率10％への引上げによる財源を活用する。消費税率の2％の引上げにより<u>5兆円強の税収となるが、この増収分を教育負担の軽減・子育て層支援・介護人材の確保等と、財政再建とに、それぞれ概ね半分ずつ充当する</u>」（同2-8。なお、下線は筆者による）とのことであるため、同様の傾向は今後も継続する可能性が高い。こうした経緯を踏まえれば、消費税が10％に引き上げられたとしても、社会保障領域への歳出削減圧力は、今後も相当のものになることが想定されよう。

しかし、安倍「社会保障改革」の最大の特徴は、「経済再生・財政再生の手段として社会保障改革を最大限に活用する[48]」ことを指向する点において、従来型の抑制政策とは異なる次元にある、ということである。要するに、社会保障領域における公費削減（→財政再建に資する、という考え方）により、同領域の市場化を加速化することで、民間企業主体の成長戦略と結びつける、ということである。

こうした政策を象徴するのは、既述の「経済財政運営と改革の基本方針2015」（骨太方針2015）である。というのも、同基本方針に盛り込まれた

「経済・財政再生計画」（計画期間は、2016〜2020年）に、事実上、社会保障政策が組み込まれたからである。実際、同再生計画には「社会保障と地方財政を歳出改革の『重点分野』と位置づけ」る、という主旨の記載がある。これにより社会保障政策は、それ自体、独立した政策として存在するというよりも、経済・財政政策に従属する位置づけになった、と評することができよう。

なお、同再生計画を履行する目的で、経済財政諮問会議の下部組織として、経済・財政一体改革推進委員会が設置された経緯がある。そこでは、経済再生関連の検討項目として70近くの項目が挙げられているが、そのうちの44項目を占めているのが社会保障歳出改革である。さらに、その3分の2が医療と介護に関する内容となっている。このことから、社会保障のなかでも、特に同領域を企業等に開放する政策に対して、安倍内閣が積極的であることが確認されよう。事実、同再生計画では、「公共部門を民間企業に明け渡す『公共サービスの産業化』」が明記されている。

(4) 安倍「社会保障改革」の具体的手法

それでは、生産性革命と人づくり革命を政策の主要な柱としつつも、安倍「社会保障改革」の最大の特徴と評することが可能な「経済再生・財政再生の手段として社会保障改革を最大限に活用する方向」に社会保障制度を改革する具体的手段には、どのようなものが認められるのであろうか。すでに実施段階にある政策も多いが、横山壽一によれば、7つの手法を認めることができるという。それらは順に、(1) 都道府県による医療・介護のコントロール、(2) 医療・介護の見える化と地域差データによる見直しの強要、(3) 予防・健康づくりによる制度利用抑制と産業化、(4) 報酬改定による誘導と抑制、(5) 全世代型社会保障への転換による高齢者切り捨て、(6) 地域共生社会を用いた地域・住民への丸投げ、(7) 生活保護の切り下げ・締め付けによる全般的切り下げと底抜け、である。

これらの政策の個別的な検証は本論の主題ではないため、他の研究に譲

る。とはいえ、その重要性から、筆者として最低限記載すべきと考えるのは、前記（1）の「都道府県による医療・介護のコントロール」に該当する諸政策である。具体的には、次の2つの政策に注目している。

1つ目は、地域医療構想策定に関する政策である。

厚生労働省は、「地域医療構想策定ガイドライン」（2015年3月）を策定し、そのなかで、2025年の各都道府県の医療需要と病床の必要量を推計した。その際、2025年の必要需要に関しては、2013年のレセプトデータを基に算出した経緯がある。しかし、レセプトは診療の結果（記録）であって、患者・住民の地域ニーズではないことに留意が必要である[53]。というのは、身近に診療機関がない、もしくは、お金にゆとりがないことから医療にかかることを控えたなどの場合には、レセプトには反映されないからである。

要するに、そこに病人が存在していても、診療を受けていなければ患者にはならないため、需要としてはカウントされない、ということである。しかも、厚生労働省は、医療費の低い都道府県を、あえて標準集団と設定することで、医療費のさらなる抑制を図っている[54]。

こうした実態とは乖離する計算方法などが採用された結果、2017年3～4月の各種報道によると、2025年の都道府県の入院ベッド（病床）数の増減は、既述のとおり、2013年時点のそれと比較して全国で156,118減、率にすると11.6％もの減少になるとのことである。しかも、鹿児島県など8県に至っては、削減率が30％を超えるほどの大幅減となっている[55]。前述した「新公立病院改革ガイドライン」を含むこうした病床数の抑制は、都市部はもちろん（鹿児島県などに代表される）地方の医療を、さらに深刻な状態に貶める可能性が高いといえよう。

注目に値する2つ目の政策は、「国民健康保険の都道府県による管理運営」に関するものである。

この政策に注視すべき理由は、これによって都道府県は、「医療提供（供給）と費用（需要）の両面に責任を持ち、自ら自主的・自立的に医療費を抑制・調整する役割を担う」[56]ことになったからである。その際、「都道府県

は調整（→事実上の抑制政策）に従わない医療機関に対してペナルティを科すことができる[57]」としたことは、極めて大きな特徴である。また、そうした役割を都道府県が担ううえでの支援策として、国が保険者努力支援制度を創設した経緯もある。

こうした一連の政策展開を踏まえ、前出の横山は、これらは国による究極の医療費抑制策と評しているが[58]、まさに、そのとおりだといえよう。というのは、国は抑制政策に資するルールを作りさえすれば、後は都道府県が主体的に抑制行為を行えるようにしたからである。

なお、これに関連して補足すれば、そもそもわが国の社会保障財政の収支は赤字ではない[59]、との指摘がある。もちろん、この指摘の背後には、要介護・要治療状態になっても、必要な介護や医療サービスの確保に伴う自己負担を避けることによるサービス利用の抑制、もしくは受診抑制などの自己犠牲が伴うことは想像に難くない。

前述した地域医療構想策定に関する政策同様、国民健康保険の都道府県による管理運営および新公立病院改革ガイドラインによる公立病院の削減政策がもたらす医療費抑制政策が、今後ますます「病人ではあるが、患者にはなれない人たち」を生み出してゆくのではないか。換言すれば、これらの政策により、手遅れの患者と介護に疲弊した家族を大量に生み出すことになりはしないか、ということである。それゆえ、こうした懸念を伴う政策に、継続的な注視が求められることは論を待たない。

(5) 安倍「医療介護一体改革」のアウトプット

このように、安倍「社会保障改革」は、社会保障抑制政策という従来型の特徴とともに、「経済再生・財政再生の手段としての社会保障改革」という側面も伴っている。また安倍政権は、そのような政策を結実させるために、いくつもの政策の束を展開している。

しかし、前項までに紹介したいくつかの政策は、国民に大きな影響を与え得るものの、個別的な政策という色合いも強い。それでは、これらの政

策を他の政策の束と連結させ、よりマクロ的な観点から安倍改革を捉えると、どのような政策的アウトプットが見えてくるのであろうか。

既述のとおり、社会保障抑制政策の主要ターゲットになるのは、医療と介護分野である。それゆえ、安倍「社会保障改革」は、医療介護一体改革を指向している。そうであるならば、その一体改革の中身に注目することは、安倍「社会保障改革」の全体像に接近するうえでの有力な手段となる。その際、安倍「医療介護の一体改革」を理解するうえでキーワードになるのは、いわゆる「川上の改革」と「川下の改革」である。

まず、社会保障制度改革プログラム法のベースとなった「社会保障制度改革国民会議報告書」（2013年8月）では、医療改革と介護改革とを一体的に行う目的で、「川上」と「川下」という比喩的な表現が用いられている。たとえば、同報告書（概要）には、次の文章がある。

> 「医療から介護へ」、「病院・施設から地域・在宅へ」という流れを本気で進めようとすれば、医療の見直しと介護の見直しは、文字どおり一体となって行わなければならない。高度急性期から在宅介護までの一連の流れにおいて、川上に位置する病床の機能分化という政策の展開は、退院患者の受入れ体制の整備という川下の政策と同時に行われるべきものであり、また、川下に位置する在宅ケアの普及という政策の展開は、急性増悪時に必須となる短期的な入院病床の確保という川上の政策と同時に行われるべきものである。

このように、ここでの川上は「（病院や施設での）医療」を意味し、川下は「（地域や住宅での）介護」を意味することになる。そうなれば、問われるべきは、川上と川下の実態である。

すでに叙述した病院数や病床数の削減という医療抑制政策からも明らかなように、川上部分に該当する病院機能は、相当程度、縮小されることになる。実際、「経済財政運営と改革の基本方針2018　少子高齢化の克服による持続的な成長経路の実現」（いわゆる骨太の方針2018）の56頁には、

「医療・介護提供体制の効率化とこれに向けた都道府県の取組の支援」という項目に「病床の機能分化・連携が進まない場合には、都道府県知事がその役割を適切に発揮できるよう、権限の在り方について、速やかに関係審議会等において検討を進める。病床の転換や介護医療院への移行などが着実に進むよう、地域医療介護総合確保基金や急性期病床や療養病床に係る入院基本料の見直しによる病床再編の効果などこれまでの推進方策の効果・コストの検証を行い、必要な対応を検討するとともに、病床のダウンサイジング支援の追加的方策を検討する」との記述が認められるほどである。要するに、都道府県知事は責任をもって、公立病院等の再編統合などによる病床のダウンサイジングを進めよ、ということである。このように、川上部分のキャパシティーには、相当程度の抑制が想定される。

しかし、一体改革ということで、川下の在宅介護や地域福祉が充実されるのであれば、人々は住み慣れた地域で暮らし続けることが、(少なくとも理論上は)容易になる。よって、そうした川下の福祉機能強化という方針に対応するのが、国の提唱する地域包括ケアシステムである。その際、当然ながら、地域における介護政策の基軸となる介護保険制度は、川上部分のキャパシティーが絞り込まれる以上、質量ともに拡充される必要がある。これは、当然の理論的帰結である。

ところが、安倍「社会保障改革」による現実の介護保険制度は、制度改変を繰り返す過程で、保険料負担と利用負担が増大され、さらに、要支援制度の廃止、施設介護の対象者を介護度3以上に限定するなど、利用抑制が顕著となっている。そうなれば、川上から押し流された相当数の患者らは、川下での行き場すら失うことになる。これも、当然の理論的帰結である。

要するに、施設であれ在宅であれ、いわゆる川下には、これまで以上に医療・介護依存度の高い患者が増大する可能性が高い、ということである。それは、医療・介護の利用料を負担できるだけのゆとりある世帯でもない限り、家族介護の負担が増大することに直結する。もちろん、独り世帯であれば、症状の著しい悪化や、孤独死さえも生じさせる可能性を高めるであろう。

もっとも、そうした状況が容易に推察されるからこそ、安倍「社会保障改革」では、近年、川下に該当する地域包括ケアシステムを地域共生社会という言葉でバージョンアップさせている。より正確には、地域共生社会という言葉を、地域包括ケアシステムの上位概念とすることで、介護などが必要な高齢者はもとより、それに加えて地域社会の様々な福祉ニーズに対しても、地域包括支援センターなどを核とする無償のボランティア活動などによって、地域社会全体で支えるイメージを、国民に対して積極的に提示するようになってきたのである。それは、福祉マンパワー論の充実を標榜した日本型福祉社会論の、事実上の再登場である。とはいえ、その日本型福祉社会論の理論的破綻性および現実レベルでの限界は、過去数十年を振り返れば明らかである。

(6) 高負担高福祉国家への疑念と経済成長

　このように、医療介護の一体改革の推進という安倍「社会保障改革」は、大量の介護・医療難民を生み出しかねない川上・川下政策と、それに対処するうえでの地域共生社会というイメージとしての対応策に傾倒しているのが実情である。とはいえ、こうした批判的見解を、改革推進論者らは問題視していない。なぜなら彼らは、社会保障抑制政策と、同領域の市場化・営利化政策の推進こそが、最終的には、経済再生・成長戦略に資するという認識を強く有しているからである。

　少なくない人々がこうした見解に至る背景には、いわゆる福祉国家と呼称される国では、高負担（高い保険料に重い税負担）であることから、経済にマイナスの影響が生じているのではないか、という危惧があるものと考えられる。換言すれば、社会保障領域を市場化・営利化することは、低所得者層には購入できない医療・福祉サービスを増やすという負の現実を生じさせるかもしれないが、中長期的には日本経済の活性化をもたらし、結果的には、社会全体にプラスに機能するという見解を抱く人々がいたとしても何ら不思議ではない、ということである。そうなれば、社会保障領

域を市場化・営利化させることで、成長戦略の一翼を担わせるという安倍改革に対する親和性も生じることであろう。

しかし、既述の統合政府や純合計社会支出から導き出される知見と同様に、ここでも再度、確認すべきことがある。それは、福祉国家は重税国家であることから、経済成長が困難になっているのではないか、という先の見解の妥当性についてである。

実はこの点に関しても、既述の反論と同様に、相当数の先行研究が認められる。そのなかでも主流的な見解となるのは、「社会保障支出と経済成長との間には、必ずしも逆相関の関係が認められるわけではない」というものである。

たとえば、世界経済フォーラムによる「国際競争力ランキングと社会的支出」(2010年) のデータに依拠した場合、国際競争力の上位10カ国の社会的支出 (対 GDP 比) は、シンガポール (12.6%)、アメリカ (16.2%)、カナダ (16.9%)、スイス (18.5%)、日本 (18.7%) など20%に満たない国が5カ国ある反面、オランダ (20.1%)、フィンランド (24.9%)、ドイツ (25.2%)、デンマーク (26.1%)、スウェーデン (27.3%) など20%を超える国も同じく5カ国認められる[63]。この場合の社会的支出は、おおよそ社会保障に関する支出と解釈して良いため、これらのデータからは、社会保障領域への支出を高めることが、必ずしも経済の停滞を意味するものではないことが理解される。

興味深いことは、一見すると意外に思われるこうした知見が、実は高等学校の教科書にすら見出すことができる、ごく初歩的な知見に過ぎない、という現実である。実際、数研出版株式会社による「高等学校 現代社会」(平成27年度版) の194頁には、次の記述がある。

たとえば、国内総生産 (GDP) における社会的支出の割合を見ると、スウェーデン、デンマークなど欧州諸国は高く、アメリカや日本は欧州諸国と比べると低い。アメリカのような「小さな政府」だけが必ずしも高い経済成長を実現するとは限らず、「大きな政府」の典型であるデン

マークも高い経済成長を達成している。

また、国民の間の格差に関しては、所得格差の指標であるジニ係数を見ると、アメリカは格差の大きな社会であるが、スウェーデンは格差を抑え込んでいることが分かる。一方、日本は、先進諸国の平均を上回って格差が拡大しており、さらに貧困率も高くなっている。

「大きな政府」になれば通常、財政赤字に陥り、持続可能な福祉制度を維持できないと考えるだろう。しかし、「大きな政府」であってもスウェーデンの財政は黒字である。他方、「小さな政府」を重視している日本は、約800兆円の財政赤字を抱えており、現在の国家予算の収支を考えれば、持続可能な福祉制度を維持できないことは明白である。財政赤字は将来世代への負担である。

こうした高等学校における教科書の記述も踏まえたならば、高負担高福祉国家において、経済成長は困難であるという主張に対しては、「それは現実とは異なる思い込みに過ぎない」と、高校生でも回答し得る見解になるといえよう。ただし、より正確には、高負担高福祉や低負担低福祉という表現それ自体が、誤導的な表現だと評することも可能である。

実際、前記「純合計社会支出」の部分で叙述したとおり、「高福祉とされてきたスウェーデン（粗公的社会支出、対GDP比32.1％）とアメリカ（同17.4％）の差は、〔純合計社会支出でみた場合〕わずか0.3％ポイント（＝27.8-27.5）に縮小した」となるため、実のところ、高負担高福祉国家も低負担低福祉国家も、純合計社会支出の差は限定的である。その意味で、両者に大きな差異はないと評することは妥当であろう。とはいえ、最終的なアウトプット（例：相対的貧困率）は、大きく異なっている。そして、そのような差異を生み出す主要因が、公的政策の規模とパフォーマンスにあることは、大沢真理が指摘したとおりである（本章第1節第3項）。

こうした知見を踏まえたうえで、表1-3も参照されたい。これは、日本の国民負担率（2011年）と経済成長率（2000〜2012年の年平均成長率）を、北欧4カ国のそれと比較したものである。同表によると、国民負担率

が高いと経済成長にマイナスである、という主張は否定されることになる。[64]

表1-3 国民負担率（2011年）と経済成長率の国際比較

	国民負担率（%）	2000～2012年の年平均成長率
スウェーデン	58.2	3.9
デンマーク	67.7	2.9
フィンランド	61.1	3.3
ノルウェー	55.2	5.9
日本	39.8	-0.6

資料：盛山和夫（2015）『社会保障が経済を強くする——少子高齢社会の成長戦略』光文社、76頁。

　国民負担率そのものに対する疑義もあるわけだが[65]、いずれにしてもこうしたデータを見る限り、社会保障予算の拡充が、経済成長を阻害するとは言い難い。だからこそ、ある国の社会保障政策を検証するうえで真に問われるべきは、公的責任による社会保障の規模はもちろん、その内訳である。
　このように、「北欧などの重税国家→社会保障財政の収支は赤字に違いない→社会保障の充実は必要だとは考えるが、それでは経済にマイナスになるはずだ」と無意識のうちに想定する人々には、そうした考え方の誤りを、現実のデータとともに提示することが望まれる。換言すれば、「真に財源不足なのか」、「ゆえに、社会保障抑制政策は必要悪なのか」、「課税先は本当にないのか」などという素朴な疑問すら抱かせないような社会保障抑制政策に対する当然視には留意が必要だ、ということである。

(7) 財政難という認識と不公平税制

　しかし、社会保障抑制政策を支持、是認する人々のなかで、一番大きな支持要因は、税収に関することではなかろうか。すなわち、「超高齢社会に突入したからには、今まで以上に皆で支える社会保障にすべきである。だからこそ、皆で支える消費税が必要なことは、それなりに理解できる。

とはいえ、消費税などの税率を際限なく引き上げることはできないのだから、結果として期待するよりも低水準の社会保障に留まったとしても、それはそれで致し方ないのではないか」という見解である。換言すれば、今の低成長の日本社会では、十分な財源が確保できない以上、低水準の社会保障政策であっても甘受せざるを得ない、とする見解である。

こうした見解には、相応の説得力がある。しかし、前述した統合政府、純合計社会支出、経済成長などのデータに依拠した反論と同様に、ここでも反論が可能となる。それは、財源不足論に関しては、(1) そもそも本来であれば、課税すべきところに適切に課税してこなかったがゆえの財源不足であること、(2) その反動で、不公平税制が生み出されていること、の2点から再考すべきだ、ということである。

はじめに、(2) のわが国における、あまりに過度な不公平税制の存在から概説する。

仮にわが国の税制が比較的公平なものであるものの、国民生活を維持するうえでの財源が足りないというのであれば、社会保障費であれ、環境対策費であれ、もしくは防衛費であっても、支出部分のいずれかを我慢する必要がある、という見解に、少なくない国民が理解を示すであろう。しかし、仮にわが国の税制に不公平な部分があれば、それを是正する必要があるのと同時に、その是正措置を介して新たな税収が生み出されるのであれば、それは喜ばしいことであり、またそうした新たな税収が、多くの国民にとっての負担軽減につながるのであれば、それに越したことはないだろう。

こうした点に関しても、先行研究は数多いが、最低限、次の事実は記しておきたい。それは、課税先にはいくつもの候補があり、また、課税先と課税方法に留意することで、不公平税制を是正しつつ、わが国の社会保障制度を質量両面から大幅に改善することは可能だ、という現実である。紙幅の関係上、詳細は控えるが、ここでは最低限の知見として、個人所得課税と法人所得課税、および消費税の3点について概説する。

まず、この30年ほどの間に、個人所得課税の最高税率は大幅に引き下げられ（1984年70% → 2017年45%）、法人所得課税についても最高税率

が大幅に引き下げられた経緯がある（1984年43.3％→2017年23.4％）。他方、課税最低限に関しては、これが引き下げられてきたのである（2004年384.2万円→2017年285.4万円）。これらの政策によって、生み出された当然の現実は、高所得階層の税負担が軽減される一方で、低所得者層の税負担は強化されることになった、という事実である。

次に、消費税についてである。消費税に注目する最大の理由は、既述のとおり、社会保障制度改革推進法において、社会保障給付に要する費用の主要財源は、事実上、消費税に限定するという政策が採用されたことにある。そもそもこのような課税政策それ自体、ノンアフェクタシオンの原則から逸脱しているわけであるが、その点を横に置いたとしても、現在の国税において、消費税はどのような位置を占めているのであろうか。

実は、低所得者になればなるほど、負担が重くなる逆進性を内包する消費税の税収（国税）に占める割合は、1990年度には22.0％であったが、2017年には40.5％にまで上昇している。そしてこの間、前述した個人所得課税の割合は41.4％から29.8％まで低下、法人所得課税も同29.3％から24.5％へと低下している。また、それらの税に対する最高税率の引き下げは、前記のとおりである。さらに、富裕層や巨大企業には、様々な減額制度が設けられている。

こうした事実のうえに、さらに、消費税の使途に関する現実も加わる。既述の指摘になるが、宮本太郎によると、2016年度の国家予算では、消費税引き上げ（3％）によって生じた増収分8.2兆円のうち社会保障に充当したのは1.35兆円に過ぎず、その相当部分は国の借金返済に充てられた、とのことである。社会保障制度改革推進法では、社会保障給付に要する費用の主要な財源には消費税を充てるとしたわけだが、これが消費税をとりまく現状である。

それでは、こうした実情を、税の公平性の観点から捉えるなら、どのような評価が妥当になるのであろうか。これに関しては、論者による見解の相違は、限定的になるのではなかろうか。というのも、明らかにされている数値を直視する限り、わが国の税制には、明らかに不平等な体制が広

がっている、と評するのが自然な解釈になるからである[70]。事実、だからこそ、前出の大沢真理は「日本の税・社会保障制度はOECD諸国の中でも最も累進度が低い」と指摘せざるを得ないのである[71]。こうした事実を鑑みれば、仮に今後、増税が議論されるとしても、その負担を低〜中所得者層を中心とする人々に求めることに正当性があるとは言い難い。

　これらの認識を踏まえたうえで、前記（1）の「そもそも本来であれば、課税すべきところに適切に課税してこなかったがゆえの財源不足であること」に関しては、井手英策（慶應義塾大学教授）が、「財政赤字が累積したのは、過大な歳出が理由ではない[72]」と指摘している点が注目される。なぜならこの見解は、財政赤字累積の原因は、既述のような不公平税制によるところが大きく、大企業や富裕層等への減税政策に伴う税収の落ち込みに求めることが妥当である[73]、ということを含意するからである。要するに、そもそもの財源不足は、前記のとおり「本来、課税すべき対象に、公平、適切な課税を行ってこなかったゆえの財源不足」ということである。

　しかし、こうした見解が一般的かと言われれば、そうとはいえないであろう。国による情報発信量の多さが国民意識に反映していることは間違いなかろうが、広く社会に流布している見解は、財務省の『日本の財政関係資料』（平成28年10月）にある「我が国の一般政府の資産・負債残高（2014年度末時点）」や「国債残高の増加要因」が示唆するような、「財政赤字の主因は社会保障関係費であるため、社会保障関係費の抑制は致し方ないことである」といった見解であろう。

　ちなみに、同資料によると、1990年度末から2016年度末までの普通国債残高の増加額となる約670兆円を分析対象とした場合、「社会保障関係費の増加が国債残高増加の42％を占め、最大の要因になっている[74]」とのことである。もちろん、こうした見解を前にすれば、社会保障抑制に対する批判は困難である。とはいえ、そこには前出の井手が指摘した現状（そもそも本来であれば、課税すべきところに適切に課税してこなかったがゆえの財源不足であること）と、それに伴う改善策（課税すべきところに、適切な課税をすること）を見出すことはできない。そうした事実の反映であ

ろう、梅原英治（大阪経済大学教授）は、前記の財務省『日本の財政関係資料』にみられる分析結果に関して、「このような収支レベルの赤字分析は表層的すぎて、何の役にも立たない」と批判している。

　以上の知見をトータルに踏まえれば、安倍「社会保障改革」が主張する財政危機の主因は社会保障であるという言説は、現行の不公平課税制度の大枠を温存したままで、社会保障領域は市場化すべきだとする安倍「社会保障改革」を肯定化するうえでのレトリックに過ぎない、ということである。このように、財政難とその主因とされる社会保障費の激増という認識が生み出す社会保障抑制政策に対する是認・追認論には、その妥当性に関して、相当の疑義が生じるのである。

3　厚生労働省による「新しい社会保障教育」政策

　前節までに、わが国における社会保障政策の有効度と、安倍政権による社会保障改革を中心に、近年の政策展開とその特徴について概説した。その際、現行の社会保障改革路線を支持するにしろ、そうでないにしろ、社会保障抑制政策を是認・追認する言説には、少なくない疑義が指摘される現状を叙述した。

　それでは、こうした政策展開のなかで育まれ、かつ、本論の主題でもある「わが国の若年層が抱く社会保障観」は、どのようなものになっているのであろうか。この点を検証するにあたり、筆者としては、これからの社会保障教育政策についても、前節までの前提的知見と同様に言及しておきたい。

　誤解のないように記しておくが、経済政策従属型の安倍「社会保障改革」のなかで、教育政策が軽視されているわけではない。事実、安倍改革における成長戦略の指針となる未来投資戦略2017では、Society 5.0（超スマート社会）の実現という観点から、教育システムの改変が強調されている。その意味で、教育改革と社会保障改革は密接に連動している。

ただし、筆者が重視するのは、産業育成という経済的側面から見た社会保障と教育の関係ではなく、社会保障そのものに関する教育政策である。というのは、その種の教育こそ、本論の主題でもある（若年層を含む）人々の社会保障観を形成する主要因になり得るのではないか、と合理的に考えることができるからである。

　その際、思い起こすべきは、前節第6項末において筆者が記した「真に財源不足なのか」、「ゆえに、社会保障抑制政策は必要悪なのか」、「課税先は本当にないのか」などという考えすら抱かせないような社会保障抑制政策に対する当然視には留意が必要だ、という部分である。というのも、仮にこれからの社会保障教育政策が、現行政策追認的な内容に傾倒した教育を掲げるのであれば、それは前述したような素朴な疑問すら、多くの生徒に抱かせない可能性が高まるからである。そうなれば、それは教育というよりも、ある種の誘導的側面を伴う教育政策である、と評するほうが妥当かもしれない。

　こうした筆者の疑念に関する詳細は拙稿を参照されたいが[77]、実は前述した筆者の危惧は、ある程度、現実のものになりつつあると考えている。そこで次に、主に高校生を対象にした新しい社会保障教育政策について概説する。

　厚生労働省は、2011年10月に、高校生を主たる対象とした「社会保障の教育推進に関する検討会」（座長：権丈善一　慶應義塾大学教授）を設置し、厚生労働省政策統括官（社会保障担当）「社会保障の教育推進に関する検討会報告書――生徒たちが社会保障を正しく理解するために」（2014年7月18日；以下「検討会報告書」と表記）を取りまとめた。また、同時に「資料編」も公表された。この検討会報告書および資料編を一読すれば、これからの社会を担う若者たちが、どのような社会保障観を学ぶことになるのかを推察することが可能となる。

　実は、当該報告書には、『厚生労働白書』（平成24年度版）の見解と重複する部分が多々ある。具体的には、「社会保障の概念」、「世代間対立論への評価」、「年金制度への評価」の3項目において、多くの共通点を見出す

ことができる。その意味で、検討会報告書の位置づけは容易に推察されよう。すなわち、同報告書および資料編の主張を端的に表現すれば、「社会保障＝自助・共助・公助」という『厚生労働白書』にみられる社会保障概念を踏まえつつ、「国の社会保障政策、とりわけ不信感が強い年金政策は、もっと信頼されるべきだ」ということになろう。

　たしかに、制度の改善は常に必要だ、という主旨の指摘はある。この点は、誤解のないように明記しておきたい。しかしそれでも、全体としては、現行の社会保障制度・政策、とりわけ年金制度に関しては、思いのほか信頼に足るものだという論調が強くなっている。これは結果として、現行制度の容認を目指す教育内容であることを意味すると同時に、これまでの検定済教科書にはみられなかった新しさを示している（詳細は拙稿に譲る）[78]。実際、「平成27年度版高等学校公民科（現代社会）における社会保障の描かれ方」を、前記「社会保障の教育推進に関する検討会報告書」にみられる主張と比較すると、とりわけ年金制度への信頼性という部分において、歴然とした差を見出すことができた[79]。

　もっとも、新しい社会保障教育政策には、筆者として積極的に評価できる面もある。また、前記の検討会報告書および資料編にみられる指摘にも、筆者として合意できる部分も少なからず存在する。紙幅の関係上、詳細は拙稿に譲るが、この点は付記しておきたい。

　とはいえ、新しい社会保障教育政策では、社会保険制度における保険料の拠出に伴う給付としての対価（権利）は強調するものの、貧困層拡大社会における公的扶助などの「国家に対する国民の権利」という意味での権利性は、ほとんど言及されていない。そのうえで、前記のとおり、さまざまな問題があることは認めつつも、それでも現行の社会保障政策・制度は、思いのほか信頼に足るものだ、という現状追認・容認的姿勢も否めないのである。

　その結果、所得再分配機能が限定的で、かつ、長年に亘り高い相対的貧困率を改善できないでいるわが国の社会保障政策の現状が、このような新しい社会保障教育政策を介して、是認・追認される素地が形成されるので

はないだろうか。それは同時に、前述した「真に財源不足なのか」、「ゆえに、社会保障抑制政策は必要悪なのか」、「課税先は本当にないのか」という社会保障をとりまく根本的な問いに対する教育は、新しい社会保障教育政策においては非常に手薄だ、ということを含意するものでもある。

4　先行理論研究と「若年層の抱く社会保障観」

　ここまでに、わが国における社会保障政策の有効度合い、安倍「社会保障改革」の実態、そして厚生労働省が主導する新しい社会保障教育政策の特徴について叙述した。こうした知見を踏まえたうえで、次章以降においては、わが国の若年層が抱く社会保障観の実像に接近する。ただし、本論の中心的課題に移行する前に、ごく端的にではあれ、今一つ付記しておきたいことがある。それは、前節までに論じた内容を、よりマクロ的な観点から捉える手法、たとえば、福祉レジーム論などの先行理論研究を踏まえた際の本論における主要課題の含意についてである。

　福祉国家の類型に関する理論研究には、相当の蓄積がある。そのなかでも、先行理論研究を網羅し、各モデルの特徴を詳細かつ端的に解説している論稿として、大沢真理による「福祉レジーム論から生活保障システム論へ」(2013) がある。大沢は、同論において「福祉国家の機能代替を重視する議論、フェミニスト社会政策論からの批判、新しい4類型論、および2つの次元論[80]」など、主要理論の比較検証を行い、最終的に「指標と類型／次元および説明される変数：福祉レジーム論、ジェンダー不平等の類型論、生活保障システム論[81]」という名称の一覧表を作成している（表1-4参照）[82]。

　こうした比較検証を踏まえたうえで、大沢は生活保障システム論の優位性を主張している。もっとも、大沢による分類、とりわけジェンダー的観点からの分類に付随する諸問題に関しては、石倉康次の批判にあるとおり、別途検証されるべきであろう[83]。ただし、いずれにしても、こうした類型手法の重要性は明白である。わが国の生活保障のありようとその程度

表 1-4　主要な福祉国家の類型論 ── 析出される類型／次元および説明変数

指標と類型／次元および説明される変数； 福祉レジーム論、ジェンダー不平等の類型論、生活保障システム論		
Esping-Andersen 1990；1999	Hicks & Kenworthy 2003	Scruggs & Pontusson 2008
析出される類型／次元	析出される類型／次元	析出される類型／次元
■3類型 ・自由主義 ・保守主義 ・社会民主主義	■2次元 ・進歩的自由主義 ・伝統的保守主義 〔説明される変数〕 ・所得不平等の削減 ・貧困削減 ・15〜64歳の雇用率 ・上記の増加率 ・労働市場での男女平等	■2次元 ・国家－自由主義 ・平等主義 〔説明される変数〕 ・労働市場の男女平等を除外
生活保障システム （大沢・2013）		Mandel 2009
析出される類型／次元		析出される類型／次元
■3類型 ・男性稼ぎ主 ・両立支援 ・市場志向 〔説明される変数〕 ・貧困率／貧困削減率 　（年齢グループ別、世帯の就業状態別） ・子どもの住宅剥奪 ・高齢者介護サービスの受給者比率		■ジェンダー不平等の3類型 ・社会民主主義 ・自由主義 ・保守主義 （オーストラリアを含む）

資料：大沢真理（2013）「福祉レジーム論から生活保障システム論へ」GEMC journal（9）、25頁の表3の一部分のみ引用。

を、他国のそれと比較しやすくすることで、より的確に自国の立ち位置を把握することは、今後のわが国の進むべき方向性とその程度を論じるうえで極めて価値がある。

また、視点を国際比較からドメスティックに向けた場合、類型論ではないが、落合恵美子らによる「日本におけるケア・ダイアモンドの再編成：介護保険は『家族主義』を変えたか」（2010）のケア・ダイアモンドのイメージは、わが国の社会保障の特徴を視覚的に理解するうえで参考になる。[84]

同論稿の出発点は、「なぜ『家族主義』が今もこれほど根強いのか」にな[85]

るわけだが、最終的に落合らは、介護保険制度の導入の前後を基軸にした場合、わが国の社会保障政策の特徴を「国家と市場の重複」に見出している。これに関して同論では、介護保険制度導入後の新たな高齢者介護のケア・ダイアモンド、すなわち国家、市場、家族（親族）、コミュニティの関係は、「国家と市場がほぼ重なり合っているのが特徴である」としたうえで、「高齢者ケアの責任は国家にあると事実上認められているものの、国家による実際のケアサービスの『提供』は増えていない[86]」と評している。それゆえ「在宅ケアの推進という介護保険の戦略は、『ケアの社会化』という最終目標とは矛盾したものとなった。制度は実際には『家族主義』を温存しているのである[87]」という結論に至るのである。

　それでは、こうした論稿、とりわけ類型化論などの先行理論研究を意識したとき、筆者の問題意識である若年層の社会保障観は、どのような含意を有するのであろうか。紙幅の関係上、詳述は控えざるを得ないが、筆者として一つだけ挙げるなら、それは次の点に集約されることになる。すなわち、大沢がその有効性を指摘する生活保障システム論の観点からであれ、落合らが主張するケア・ダイアモンドの観点からであれ、いずれにしてもそこから確認されるわが国の劣悪な社会保障制度下に長く置かれた国民の社会保障観──とりわけ、これからの超高齢社会を長期にわたり支えざるを得ないものの、人口的には少数派になることから、その見解が反映されにくいと想定される若年層の抱く社会保障観──を知ることは、大沢や落合らが批判的に評価した現行の社会保障制度に対して、どのような心証を抱いているのか、という点を確認するうえで価値がある、ということである。専門家による分析結果と世論との間に乖離が生じることは、十分に想定されることだからである。

　前掲した識者同様、現行制度に対しては、筆者としても否定的にならざるを得ない面が少なくない。とはいえ、貧困が蔓延し、所得再分配機能も低位に位置する状況に長期間置かれれば、少なくない人々のあいだに諦め感が蔓延しても不思議ではない。また、諦め感を抱きつつも、「なんとか自分だけは」という感覚を抱くことも、人として自然な反応であろうし、

それゆえ、社会保障制度から「何を、どれだけ得られるのか」という点に重きを置いた損得勘定的な社会保障観に走っても、何らの違和感はない。

とはいえ、仮に次章以降のアンケート調査結果を通じて、わが国の少なくない若年層が、低レベルの社会保障制度に慣れてしまったことで、諦め感とともに現行制度の追認・容認派に傾倒している実態が明らかになったとしても、筆者としては、現行制度・政策を容認するものではない。そうではなく、国民、とりわけ若年層に占める諦め派の割合や諦めの程度の実態に接近することで、現状改善に向けたヒントが得られるのではないか、との思いが筆者にはある。

換言すれば、若年層の抱く社会保障観を概観することで、前記の類型化論の試みがそうであったように、今後のわが国の進むべき方向性と改善の程度が可視化されやすくなるのではないか、という期待が筆者にはある。そこに本アンケートを実施し、分析結果を叙述する意義を見出すことができよう。とはいえ、こうした解釈は、「どの程度の社会保障政策までなら、これからの生産年齢人口世代は（諦め感も含めて）甘受することができるのか」という観点から、調査結果を援用することも可能である。それは筆者の望むものではないが、前記のような見解も否定はできないであろう。

5　小括

本章では、わが国の若年層が抱く社会保障観に接近するうえでの前提的知見として、主に社会保障制度の現状について概説した。その際、所得再分配機能、相対的貧困率、そして純合計社会支出の観点から、わが国の社会保障政策の非効率性について指摘した。そのうえで、政府と中央銀行を合わせた統合政府という概念から、社会保障抑制政策追認論への疑義を呈した。さらに、安倍「社会保障改革」の特徴と、そこから想定されるアウトプット（大量の介護・医療難民が発生する可能性）についても叙述した。

仮に、こうした認識が正鵠を射ていれば、わが国の若年層は、現行制度

に対して批判的なスタンスを有する可能性が合理的に推察される。しかし、本章第3節で叙述した新しい社会保障教育政策により、結果として、現行制度を是認していく可能性が高まることも想定される。

さらにいえば、前節末でも述べたとおり、超高齢社会の進展に伴う制度改善の困難さを自覚するがゆえに、制度・政策には批判的であっても、制度の基礎的特徴は維持されるであろうという認識の下、少なくない若年層が「せめて自分だけでも、極力不利にならないように」と考えて、利己的な社会保障観に傾倒する可能性も、十分に考えられる。

とはいえ、こうした指摘は、そのいずれにおいても推測の域を出るものではない。そこで、次章以降では、わが国の若年層が抱く社会保障観の実像への接近を試みる。

注

1 　森詩恵（2018）「わが国における高齢者福祉政策の変遷と『福祉の市場化』」『社会政策』9（3）、社会政策学会、17頁。
2 　大沢真理（2013）「福祉レジーム論から生活保障システム論へ」GEMC journal（9）、10頁（東北大学グローバルCOE「グローバル時代の男女共同参画と多文化共生」）。
3 　中田大悟（2012）「税・社会保障の所得再分配効果 —— JSTARによる検証」独立行政法人 経済産業研究所 ディスカッションペーパー（RIETI Discussion Paper Series 12-J-028）、1頁。
4 　公開シンポジウム「格差を越えて」（主催：公益財団法人 庭野平和財団、日時：2017年3月4日、会場：立正佼成会付属佼成図書館 視聴覚ホール）。http://www.npf.or.jp/promote_peace/cn131/post_17.html（最終閲覧2018年4月10日）。
5 　横山壽一（2017a）「介護保険財政の仕組みと現状」〔岡﨑祐司・福祉国家構想研究会（編）『新福祉国家構想⑥　老後不安社会からの転換 —— 介護保険から高齢者ケア保障へ』に収録〕大月書店、146頁。
6 　松本伊智朗（2014）「子どもの貧困・若者の貧困 —— 公正な社会をつくるために」〔岩崎晋也・岩間伸之・原田正樹（編）『社会福祉研究のフロンティア』に収録〕有斐閣、78頁。
7 　磯野博（2018）「障害者権利条約パラレルレポート作成に向けて —— 就労と所得保障を焦点にして」『国民医療』（337）2018年冬季号、公益財団法人 日本医療総合研究所、62頁。
8 　大沢真理・宮本太郎・武川正吾（2018）「座談会　本来の全世代型社会保障とは何か（特集　反貧困の政策論）」『世界』（904）、70頁。

9　日野秀逸は「保護基準こそ日本政府が定めた日本国民の最低生活費なのであり、公的貧困線でもあるのだから、公式にはこちらを用いるべきと考える」と記している。日野秀逸（監修）・労働運動総合研究所（編）（2013）『社会保障再生への改革提言 —— すべての人の生きる権利を守りぬく』新日本出版社、32-33 頁。

10　金澤誠一（2012）『最低生計費調査とナショナルミニマム —— 健康で文化的な生活保障』本の泉社、19 頁。

11　宮本太郎（編）（2011）『弱者 99％社会 —— 日本復興のための生活保障』幻冬舎、154-155 頁。

12　内閣府「社会保障・税一体改革の論点に関する研究報告書」2011 年 5 月 30 日、20 頁。

13　同上、20 頁。

14　同上、16 頁。

15　宮本、前掲、156 頁。

16　内閣府、前掲、20 頁。

17　大沢真理は、「日本の医療費を対 GDP 比でみると、OECD 諸国で低いほうから五本の指に入る。日本の医療制度はとてもコストパフォーマンスがいい」と指摘している。このように大沢は、わが国の社会保障制度のなかで、コストパフォーマンスが良い部分があることは認めている。とはいえ、今の医療制度改革路線を踏まえれば、医療もまもなく「コストパフォーマンスの悪い国」になることは避け難いであろう。『世界』、前掲、70 頁。

18　OECD（2016）「社会支出は多くの OECD 諸国で、過去最高水準で高止まりしている」、7 頁。

19　OECD（2016）" Social Expenditure Update 2016：Social spending stays at historically high levels in many countries ".

20　同上、7 頁。

21　阿部敦（2018a）『増補版　社会保障抑制下の国家・市民社会形成 —— 社会保障・社会福祉教育の展開と市民社会の弱体化』金沢電子出版株式会社、45-98 頁。

22　読売新聞 online（2014 年 12 月 22 日）。http://www.yomiuri.co.jp/adv/wol/opinion/gover-eco_141222.html（最終閲覧 2014 年 12 月 24 日）。

23　阿部（2018a）、前掲、45-98 頁。

24　これに関しては、次を参照されたい。髙橋洋一「報道されなかったスティグリッツ教授『日本への提言』の中身」
https://diamond.jp/articles/-/123825 2017.4.6（最終閲覧 2018 年 8 月 8 日）。
髙橋洋一（2018）『なぜこの国ではおかしな議論がまかり通るのか —— メディアのウソに騙されるな、これが日本の真の実力だ』KADOKAWA、65 頁。

25　同上、65 頁。

26　同上、66 頁。

27　朝日新聞（2018）5 月 26 日。

28　正式名称は、「持続可能な社会保障制度の確立を図るための改革の推進に関する法律」。

29　横山壽一（2017b）「社会保障・税一体改革をめぐる攻防」『医療・福祉研究』（26）、医療・福祉問題研究会、9 頁。

30　浜岡政好（2017）「問題提起　福祉現場のこれからを考える ——『我が事、丸ごと』戦略を知る」『総合社会福祉研究』（48）、総合社会福祉研究所、7 頁。

31 正式名称は、「地域における医療及び介護の総合的な確保を推進するための関係法律の整備等に関する法律」。
32 正式名称は、「持続可能な医療保険制度を構築するための国民健康保険法等の一部を改正する法律」。
33 正式名称は、「地域包括ケアシステムの強化のための介護保険法等の一部を改正する法律」。
34 池尾正（2018）「『川上の改革』の中軸に置かれる公立病院──『公立病院改革ガイドライン』により多くの病院が地域から消えた」〔横山壽一・池尾正・増田勝・長友薫輝・今西清『いま地域医療で何が起きているのか──「地域医療構想」のねらい』に収録〕旬報社、39-40頁。
35 増田勝（2018）「地域医療構想の内容と本質──何が起ころうとしているのか」〔横山壽一・池尾正・増田勝・長友薫輝・今西清『いま地域医療で何が起きているのか──「地域医療構想」のねらい』に収録〕旬報社、65-67頁。
36 池尾、前掲、48頁。
37 同上、50頁。
38 梅原英治（2017）「社会保障は財政赤字の原因か？　そうであり、そうでない」『医療・福祉研究』（26）、医療・福祉問題研究会、17頁。
39 毎日新聞（2016）8月5日。または、https：//seniorguide.jp/article/1014221.html（最終閲覧2018年4月2日）。
40 http://www.ipss.go.jp/ss-cost/j/fsss-h27/fsss_h27.asp（最終閲覧2018年4月2日）。
41 梅原、前掲、17頁。
42 同上、18頁。
43 もともと2018年4月12日に行われた経済財政諮問会議では、人口動態的に高齢化がさらに深刻化する2022年度以降の社会保障関係費の膨張を避けるため、2019～2021年度を「構造改革期間」と位置づけ、歳出抑制の目安を設定することとしていた。しかし、その1カ月あまり後（2018年5月18日）、政府は前記の目安について、数値目標を盛り込まない方向で最終調整に入った、との報道がなされた。報道によると、毎年5,000億円程度の増加を維持したい厚生労働省と、さらなる圧縮を目指す財務省の間で折り合いがつかなかったとのことである。とはいえ、5,000億円程度の増加というのは、相当程度抑制された増額に過ぎないことは明白である。

　こうした厚生労働省と財務省との綱引きの最中であった2018年5月21日、厚生労働省は65歳以上の高齢者人口がピークを迎える2040年度時点の社会保障給付費が、最大190兆円（2018年度の1.6倍相当）に達するとの試算結果を公表した。こうしたデータの公表は、国民には負担増への理解を求めるものになるわけだが、前記のとおり抑制の増加額が明記されなかった以上、増税路線を大前提としつつも、場合によっては5,000億円からのさらなる抑制の可能性も生じたといえよう。次を参照。時事通信（2018）4月12日、時事通信（2018）5月18日、時事通信（2018）5月21日、時事通信（2018）6月15日。
44 髙橋、前掲、208頁。
45 横山壽一（2017c）「『人材への投資』という名の成長のための『人づくり』──『骨太の方針2017』『未来投資戦略2017』を読む」『国民医療』（335）2017年夏季号、公益財団法人 日本医療総合研究所、22-23頁。

46 「新しい経済政策パッケージ」平成29年12月8日（閣議決定）、2-8。
47 『世界』、前掲、69頁。
48 横山（2017b）、前掲、6頁。
49 梅原、前掲、17頁。
50 「新春社会保障講演会 講演録――日本の社会保障をめぐる情勢と私たちの課題 講師：横山壽一（佛教大学）教授」2018年2月4日（於：金沢市武蔵・近江町交流プラザ4階集会室／主催：石川県社会保障推進協議会）3頁。なお、同様の指摘としては、本論第5章の横山壽一によるインタビュー記録を参照されたい。また、次も参照。横山壽一（2018）「政府の医療・介護の際限のない改悪、新段階へ」〔横山壽一・池尾正・増田勝・長友薫輝・今西清『いま地域医療で何が起きているのか――「地域医療構想」のねらい』に収録〕旬報社、13-35頁。横山（2017b）、前掲、6-11頁。
51 梅原、前掲、18頁。
52 前掲の「新春社会保障講演会 講演録」（ただし、同講演録の後半に配置された当日配布資料部分）、2-3頁。横山（2018）、前掲、13-35頁。横山（2017b）、前掲、6-11頁。
53 増田、前掲、58-65頁。
54 横山（2018）、前掲、22頁。
55 増田、前掲、65-67頁。
56 前掲の「新春社会保障講演会 講演録」（ただし、同講演録の後半に配置された当日配布資料部分）、4頁。横山（2018）、前掲、13-35頁。横山（2017b）、前掲、6-11頁。
57 横山（2018）、前掲、22頁。
58 前掲の「新春社会保障講演会 講演録」（ただし、同講演録の後半に配置された当日配布資料部分）、4頁。横山（2018）、前掲、13-35頁。横山（2017b）、前掲、6-11頁。
59 石倉康次（2014）「『税と社会保障の一体改革』の歪みとそれを正す力」『総合社会福祉研究』（43）、総合社会福祉研究所、3-4頁。
60 平成29年4月5日、衆議院・厚生労働委員会において、塩崎恭久（厚生労働大臣）は、次のとおり答弁している。「地域包括ケアシステムは、高齢期の支援を地域で包括的に確保するというものでございますので、それに対して、地域共生社会は、必要な支援を包括的に提供するという考え方を、障害者、子供などへの支援や複合課題にも広げたものでございますので、地域包括ケアシステムのいわば上位概念とも言えるものかというふうに思います」。
61 阿部敦（2018b）『「新しい社会保障教育」政策と地域共生社会』関西学院大学出版会、79-99頁。
62 これに関連して武川正吾（東京大学教授）は、「『在宅介護支援センター』『地域包括ケア』『全世代型』と色々な名称が次々と出てきますが、そうしたネーミング、スローガンを出すことで何か新しく事態が急速に変わるように印象づけようとしていることには疑問を感じます」と述べている。『世界』、前掲、69頁。
63 宮本、前掲、30-32頁。
64 盛山和夫（2015）『社会保障が経済を強くする――少子高齢社会の成長戦略』光文社、75-77頁。

65　同上、72-74頁。
66　横山（2017b）、前掲、8頁。
67　同上、8頁。
68　阿部（2018a）、前掲、50-55頁。
69　『世界』、前掲、69頁。
70　横山（2017b）、8頁。
71　『世界』、前掲、79頁。
72　井手英策（2010）「財政は信頼を作り出せるか？」〔宮本太郎（編）『自由への問い２社会保障 ── セキュリティの構造転換へ』に収録〕岩波書店、140頁。
73　同上、140頁。
74　梅原、前掲、18頁。
75　同上、18頁。
76　横山（2017c）、前掲、21-25頁。
77　阿部（2018b）、前掲、5-77頁。
78　同上、5-77頁。
79　同上、5-77頁。
80　大沢（2013）前掲、10頁。
81　同上、25頁。
82　なお、同表に掲載されている論者名と元となる引用文献は、次のとおりである。Esping-Andersen,Gøsta（1990）, The Three Worlds of Welfare Capitalism, Cambridge：Polity Press. Esping-Andersen, Gøsta（1999）, Social Foundations of Postindustrial Economies, Oxford：Oxford University Press. Hicks, Alexander and Lane Kenworthy（2003）" Varieties if welfare capitalism, "Socio-Economic Review 1, 27-61. Scruggs, L.A. & Jonas Pontusson（2008）" New Dimensions of Welfare State Regimes in Advanced Democracies, " Paper presented at the 2008 Annual Meeting of the American Political Science Association, Boston, MA August 28-31. Mandel, Hadas 2009 " Configurations of gender inequality：the consequences of ideology and public policy, " The British Journal of Sociology, 60（4）, pp. 693-719.
83　石倉康次は、大沢の分類に関して、次のように評している。「大沢の類型はエスピン・アンデルセンの類型に似ているように見えるが、類型の方法が異なる。大沢は自らの類型について『性別役割や性別分業（ジェンダー）』が『基軸をなしている』と言い、『生活保障システムの制度設計は……ジェンダー関係の『実態』……そのものを形成する力のひとつである』と強調している。これに対してエスピン・アンデルセンは『諸階級が政治的にいかなる連合を形成したか』という点を基軸に類型を捉えようとしたのである。つまり、アンデルセンには『政治』が基軸となっているのに対し、大沢には政治よりも、ジェンダー視点からの制度設計のあり方という政策技術に分析の関心が注がれている。このために、ジェンダーに関連する異なった類型を形成する政治的力関係は不問にされてしまうことになる。これでは、社会保障・社会福祉の財政抑制を求める政治勢力による、ジェンダーの論理を活用した、社会保障・社会福祉を個人化する政策を実行しようとする試みを批判的に分析する見地を構築できなくなってしまうことになると言わなければならない。」石倉康次（2015）「第４章　社会保障・社会福祉の制度と政策」〔児島亜

紀子・伊藤文人・坂本毅啓（編）『現代社会と福祉』に収録〕東山書房、128頁。
84 落合恵美子・阿部彩・埋橋孝文・田宮遊子・四方理人（2010）「特集：ケア労働の国際比較 —— 新しい福祉国家論からのアプローチ —— 日本におけるケア・ダイアモンドの再編成：介護保険は『家族主義』を変えたか」『海外社会保障研究』（170）、国立社会保障・人口問題研究所、4-19頁。
85 同上、4頁。
86 同上、16頁。
87 同上、16頁。

第 2 章

わが国の若年層が抱く「社会保障観」の現状

本章の目的

　筆者は、現在およびこれからの若年層が、どのような社会保障観を抱いているのかという点に注目し、現役大学生を対象に複数のアンケート調査を実施してきた[1]。本章では、それらのアンケート調査結果を叙述することで、彼らの社会保障観の本質に接近することを目的とする。

　なお、この目的を果たすうえでは、本来であれば、次の8項目全てを網羅することが求められる。それらは順に、(1) 調査の概要、(2) 調査項目設定の意図、(3) 単純集計、(4) 因子分析、(5) 因子得点に基づいた社会保障観の類型化、(6) 類型化と属性のクロス集計、(7) t検定と相関比による分析、そして (8) 以上を踏まえた総合的な知見、である。しかし、紙幅の関係上、これら全てを網羅することは困難なため、これ以降では、今回のアンケート調査に関する最低限の概要を述べたうえで、(4)〜(7) を中心に、論旨を展開する。

1　調査の概要

　筆者は、2016年1月時点で、全国にある全ての国公私立大学（4年制）のなかから無作為に20大学を選出し、次いで、先方の現職教員とのコンタクトが可能となった10大学へ調査協力を打診し、アンケート調査を実施するうえでの標本の確保に努めることとした。最終的に、調査の協力を得られたのは計5大学となった。その内訳は、（ⅰ）人文科学系、社会科学系、自然科学系を網羅する共学の総合大学が3校、（ⅱ）総合女子大学が1校、（ⅲ）共学の単科大学が1校、であった。また、設置区分でみた場合、国立大学は1校、公立大学は0校、私立大学は4校となった。

　アンケート調査用紙の配布期間は、2016年6月1日〜同年6月30日、最終的な回収期日は、同年7月10日（消印有効）までとした。アンケート調査用紙は、各大学の窓口教員などが指定した予定回答者人数分をそれぞれ郵送した。

　以上の手順を経て、最終的には総計700名に対してアンケート調査用紙を配布することが可能となり、587名から有効回答を得た。回収率は83.9％となる。なお、本調査は所属大学および回答者個人名の双方において無記名方式の（書面による）選択式アンケート調査とした。[2]

2　設問項目

　アンケート調査における調査項目は、「個人、家族の属性に関する項目」、「日本社会への現状認識に関する項目」、「社会福祉基礎構造改革に関する項目」、「社会保障の責任主体に関する項目」、「自己世代の負担増に関する項目」、「負担増の使途に関する項目」、「世代間対立に関する項目」、「貧困に関する項目」、「社会保障抑制・防衛力増強論に関する項目」などから構成されている。質問総数は40問となる。本来であれば、各設問文、選択肢、および、こうした設問を配した意図に関して叙述すべきところで

あるが、詳細は別の拙稿[3]で叙述していることから、本論での説明は控える。ただし、主な質問文に関しては、後掲する表2-1において確認できるため参照されたい。

3　因子分析に用いる設問と因子抽出

それでは、現役大学生の有する社会保障観を多角的な観点から検証する。はじめに、アンケート調査から得られたデータを活用し、因子分析と因子得点に基づいたクラスター分析により、彼ら彼女らの抱く社会保障観を類型化する。

因子分析の対象となった人数は、本アンケート調査で有効回答を得た587人中の539人である。これはアンケート調査の〔質問15〕と〔質問28〕を除く〔質問11〕～〔質問35〕――いずれも回答の選択肢が「そう思う」、「まあ、そう思う」、「どちらともいえない」、「あまりそう思わない」、「まったくそう思わない」で構成されている――の全てに回答した者だけが分析対象になることから、1問でも無回答がある回答者を除外したことによるものである（なお、紙幅の関係上、表2-1では実際の質問文を簡略化して表記している）。

因子分析の因子抽出方法としては、最尤法、主因子法、主成分法などがあるが、本調査では最尤法を採用した。また、回転法は、Kaiserの正規化を伴うプロマックス法とし、7回の反復で回転が収束している。分析の結果は、表2-1のとおりで、因子負荷量が0.3以上の数値に網掛けをした。なお、同表の右側にある抽出した因子（第1因子～第4因子）の名称[4]は、必ずしも該当する質問の意図を全て網羅できたものではない。とはいえ、過度に長い名称にすることも望ましくないため、筆者として特に重要だと考える面を、その名称に込めることとした。

表 2-1　因子抽出時のパターン行列

[質問文] ＊以下の質問文は、もともとの質問文を簡略化した表現で記している。	因子				抽出した因子
	1	2	3	4	
[質問21] 介護や老後の生活などの諸問題は、基本的に自己責任、もしくは家族の責任で対応すべきだと思う、という考え方について、あなたはどう思いますか？	0.704	-0.021	0.070	-0.035	第1因子 自己責任・市場化
[質問33] 一般論として、人が貧困に陥るのは、その人の努力不足が主因だと思う、という考え方について、あなたはどう思いますか？	0.656	-0.014	-0.117	-0.001	
[質問17] 貧乏人は限られた医療、福祉サービスしか享受できないかもしれないが、それはある程度、致し方ないことだと思う、という考え方について、あなたはどう思いますか？	0.626	-0.031	-0.011	0.009	
[質問25] 仮に増税されるのであれば、社会福祉よりも、経済の活性化の方にお金を活用して欲しい、という考え方について、あなたはどう思いますか？	0.613	-0.120	0.077	0.101	
[質問19] 医療、福祉などは、国が責任を持って対応するよりも、商品の売買同様、市場に任せる方が効率的で良いように思う、という考え方について、あなたはどう思いますか？	0.551	0.057	0.106	-0.066	
[質問35] 日本をとりまく国際情勢の変化を鑑みたとき、福祉予算を削減してでも防衛力を強化すべきだと思う、という考え方について、あなたはどう思いますか？	0.487	-0.048	0.012	-0.055	
[質問32] 高齢者の割合が増大するのは分かるが、高齢者であっても、できるだけ自己責任で生活をして欲しいと思う、という考え方について、あなたはどう思いますか？	0.439	-0.071	-0.044	0.239	
[質問29] 高齢者にも貧乏な人や富裕な人など、様々な人がいるが、総じて日本の高齢者は経済的にゆとりがあるように思う、という考え方について、あなたはどう思いますか？	0.325	0.076	-0.261	0.222	
[質問23] 高齢者を中心とした介護や医療などの不安が軽減されるのであれば、若い世代の負担増は致し方ないと思う、という考え方について、あなたはどう思いますか？	0.244	0.646	-0.050	-0.331	第2因子 増税・国家責任
[質問26] 仮に増税されるのであれば、高齢者や障がい者への対策を中心とした社会福祉にお金を活用して欲しい、という考え方について、あなたはどう思いますか？	-0.097	0.557	0.021	-0.050	
[質問20] 税金や社会保険料などが高くなることは致し方ないが、その分、国は責任をもって福祉、医療サービスを提供すべきだと思う、という考え方について、あなたはどう思いますか？	-0.161	0.423	0.000	0.183	

質問					
〔質問16〕真に貧困で困っている人やその家族には、国が税金で経済的に保護することは当然のことだと思う、という考え方について、あなたはどう思いますか？	-0.121	0.413	0.009	0.223	第2因子 増税・ 国家責任
〔質問34〕一般論として、人が貧困に陥るのは、努力しても報われ難い社会構造や政治（政策）が主因だと思う、という考え方について、あなたはどう思いますか？	-0.076	0.343	0.102	0.232	
〔質問18〕医療や福祉サービスなどの社会保険の給付は、保険料などの支払いとは無関係に、それが必要となる度合いに応じて受給できるようにすべきである、という考え方について、あなたはどう思いますか？	-0.070	0.318	0.095	0.161	
〔質問22〕経済基盤の弱い自治体で、貧困にあえぐ人々や障がい者への必要な福祉は、人々の相互扶助で対応すべきだと思う、という考え方について、あなたはどう思いますか？	0.159	0.269	0.118	0.060	
〔質問12〕あなたは、日本は個々人の経済格差の大きな国だと思いますか？	0.099	0.141	0.743	0.007	第3因子 格差・ 貧困
〔質問13〕あなたは、日本は貧困層が多い国だと思いますか？	0.043	0.179	0.712	0.001	
〔質問11〕あなたは、日本は中間所得者層が人口の多くを占める国だと思いますか？	0.118	0.239	-0.389	0.195	
〔質問31〕税金や社会保険料が適切に使用されるのであればよいが、実際には、若年層向けの補助や政策は限定的なイメージがある、という考え方について、あなたはどう思いますか？	0.013	0.132	-0.067	0.545	第4因子 世代間 対立
〔質問24〕若い世代の負担増は、社会の活力や経済成長にマイナスに作用するので、できるだけ避けるべきだと思う、という考え方について、あなたはどう思いますか？	0.171	-0.172	0.143	0.482	
〔質問30〕若い世代は、将来、支払った額に見合うだけの年金が受給できないように思う、という考え方について、あなたはどう思いますか？	-0.036	0.174	-0.088	0.472	
〔質問27〕経済と福祉の双方を成長、充実させる政策があれば素晴らしいと思うが、現実には極めて困難である、という考え方について、あなたはどう思いますか？	0.109	0.139	-0.093	0.323	
〔質問14〕あなたは、日本は国として、多額の借金を抱える国だというイメージをもっていますか？	-0.100	0.142	0.167	0.252	

資料：阿部敦『大学の学部・学科で学ぶ現役学生の福祉、社会等に関する意識調査』
2016年6月1日～同年7月10日まで実施のアンケート調査の集計結果より。

このように、社会保障観を形成する4つの因子である（ⅰ）自己責任・市場化、（ⅱ）増税・国家責任、（ⅲ）格差・貧困、（ⅳ）世代間対立、を抽出した。次節では、これらの知見を踏まえ、クラスター数の選択および各クラスターの解釈を行い、社会保障観の類型化を試みることとする。

4 社会保障観の類型化とその特徴

前節における因子分析から得られた因子得点（4列）を基に、クラスター数6の結果を採用した。次に、各クラスターの解釈を行う目的から、因子分析に用いた設問と6クラスターのクロス集計結果を、表2-2として掲載する。ここでは、クラスター毎に〔質問11〕～〔質問35〕――ただし、前記のとおり〔質問15〕と〔質問28〕は除く――の「そう思う」と「まあ、そう思う」を足した値を記載している。要するに、この値が高くなればなるほど、当該設問に対する意識（→福祉観）が高いことになる。なお、今回用いたクラスターは、階層型クラスターである。

これらの結果を踏まえ、各クラスターの特徴を、次のように要約した。その際、(1) 6クラスターのなかで、値が最高値の場合には、「非常に強い」という表現を用いた。ただし、(2) 6クラスターのなかで値が第2位の場合でも、平均値より30％以上高い場合には、「非常に強い」という表現を用いることとした。また、(3) もともとの平均値が高い場合は、平均値より15％以上高い場合にも、「非常に強い」と表記した部分がある。そして、(4) 特に解説を記していない質問項目に関しては、平均値から大きな差が生じていないこと（±15％以内）を意味するものが大半となっている。[5]

なお、全てのクラスターに関して詳細な解説を行うことは、前掲のデータもあることから得策ではない。そこで以下では、クラスター1の特徴を具体的に解説し、それ以降のクラスターに関しては、最低限の文章解説に留めることとした。

表 2-2 各質問の「そう思う」と「まあ、そう思う」を足した値

	〔質問 21〕	〔質問 19〕	〔質問 25〕	〔質問 17〕	〔質問 33〕	〔質問 29〕
全体	17.2%	18.6%	21.8%	29.5%	21.5%	28.8%
C-1	77.3%	70.5%	72.7%	77.3%	68.2%	75.0%
C-2	43.1%	24.1%	62.1%	55.2%	44.8%	43.1%
C-3	11.1%	14.1%	15.6%	31.1%	26.7%	39.3%
C-4	4.8%	10.1%	7.9%	13.8%	6.3%	11.6%
C-5	2.6%	7.7%	0.0%	7.7%	10.3%	15.4%
C-6	6.8%	2.7%	9.5%	18.9%	1.4%	21.6%

	〔質問 35〕	〔質問 11〕	〔質問 18〕	〔質問 22〕	〔質問 32〕	〔質問 24〕
全体	22.5%	57.4%	67.0%	56.2%	33.9%	49.9%
C-1	68.2%	90.9%	93.2%	77.3%	68.2%	81.8%
C-2	39.7%	62.1%	44.8%	48.3%	75.9%	86.2%
C-3	26.7%	64.4%	53.3%	44.4%	31.1%	34.1%
C-4	14.3%	42.3%	74.6%	62.4%	20.6%	40.2%
C-5	5.1%	59.0%	76.9%	53.8%	7.7%	7.7%
C-6	6.8%	51.4%	77.0%	54.1%	37.8%	85.1%

	〔質問 27〕	〔質問 12〕	〔質問 23〕	〔質問 26〕	〔質問 16〕	〔質問 20〕
全体	71.6%	71.0%	35.8%	56.6%	77.7%	84.0%
C-1	88.6%	84.1%	86.4%	84.1%	90.9%	93.2%
C-2	89.7%	65.5%	0.0%	12.1%	56.9%	63.8%
C-3	60.0%	34.8%	35.6%	46.7%	65.2%	76.3%
C-4	72.5%	94.2%	33.9%	65.1%	84.7%	93.1%
C-5	82.1%	61.5%	94.9%	94.9%	100.0%	100.0%
C-6	78.4%	87.8%	1.4%	60.8%	83.8%	89.2%

	〔質問 13〕	〔質問 31〕	〔質問 34〕	〔質問 30〕	〔質問 14〕	該当なし	実数
全体	53.0%	62.7%	57.4%	77.3%	82.5%	0.7%	587
C-1	63.6%	79.5%	77.3%	79.5%	84.1%	0.0%	44
C-2	34.5%	77.6%	46.6%	89.7%	82.8%	0.0%	58
C-3	14.1%	48.9%	39.3%	70.4%	69.6%	2.2%	135
C-4	77.8%	59.3%	65.6%	79.4%	89.9%	0.0%	189
C-5	28.2%	48.7%	64.1%	74.4%	74.4%	0.0%	39
C-6	86.5%	90.5%	81.1%	94.6%	95.9%	0.0%	74

資料：表2-1に同じ。なお、実数の587は、因子分析から除外された回答も含めた人数である。

【クラスター1】自己責任論の受入れと理念的な福祉観の並存タイプ

　このクラスターに属する回答者（539人中の44人：8.2%）は、〔質問21〕や〔質問19〕では、社会保障領域における自己責任および同領域の市場化路線を非常に強く支持し、さらに〔質問17〕では、応益負担機能の強化にも非常に親和的であるなど、一見すると、社会福祉基礎構造改革路線を支持する集団であるように想定される。しかし、このクラスターに属する回答者は、そうした福祉観とは相反する福祉観をも同時に支持するというアンビバレントなスタンスを有している点に、その最大の特徴がある。

　たとえば、〔質問17〕では、非常に強い応益負担型社会保障観への支持を表明しつつも、〔質問18〕では、非常に強い必要充足的医療・福祉提供観への支持を表明している。また、〔質問33〕では、非常に強い貧困自己責任論への支持を表明しつつも、〔質問34〕では、強い貧困問題の社会構造起因論への支持を表明している。

　こうした両極端な福祉観を同時に支持する者を、どのように評価すべきかに関しては、慎重な議論が待たれるところである。ただ、筆者としては、自己責任論が強調され、また、現に自己責任で対峙すべきことが多い現代社会のなかで、自らと他者に対して相応の自己責任を求めつつも、社会的・経済的弱者への差別的対応に関しては、一定の範囲内に収めるべきだ、とする価値観を支持する人々が、このクラスターに分類されているのではないかと考えている。そうすることで、前述したアンビバレントな特徴が表出されたと解釈することが可能になるからである。よって、筆者は、このクラスター1を「自己責任論の受入れと理念的な福祉観の並存タイプ」とした。

【クラスター2】自己責任論をベースとしつつも、自己世代への負担増には否定的なタイプ

　このクラスターに属する回答者（539人中の58人：10.8%）は、クラスター1と類似する特徴を多く有している。具体的には、〔質問21〕福祉領域における自己責任・家族責任論への支持（平均値より25%高い）、〔質問

25〕非常に強い経済政策優先型社会保障観への支持（平均値より40％高い）、〔質問17〕応益負担型社会保障観への支持（平均値より25％高い）、〔質問33〕貧困自己責任論への支持（平均値より23％高い）、〔質問32〕非常に強い高齢者自立生活論への支持（平均値より42％高い）、〔質問24〕非常に強い若年層への負担軽減論への支持（平均値より36％高い）、〔質問27〕非常に強い経済・福祉の非両立論への支持（平均値より18％高い）、などがクラスター1との類似点になる。

　しかし同時に、クラスター1との違いもある。たとえば、〔質問18〕必要充足的医療・福祉提供観への限定的支持（平均値より22％低い）、〔質問23〕非常に弱い若年層による高齢者向け負担増論への支持（値は、実に0％）、〔質問26〕非常に弱い社会保障費増額論への支持（平均値より44％低い）、〔質問16〕生活保護に対する低い権利意識（平均値より20％低い）、〔質問20〕社会保障領域における国家責任への限定的支持（平均値より20％低い）、などである。

　こうした特徴を踏まえ、筆者はクラスター2を、クラスター1と類似した部分を認めつつも、自己世代への負担増に対しては、より否定的な若年層のグループであると分類した。

【クラスター3】特段の福祉観を有していないタイプ

　このクラスターに属する回答者（539人中の135人：25.0％）の特徴は、他のクラスターと比較した場合、非常に限定的である。実際、各質問の平均値よりも、大きく離れた値を示す質問数は、他のクラスターのそれと比較した場合、明らかに限定的である。

　数少ない例外は、〔質問12〕で「日本は経済格差の大きな国ではない」や、〔質問13〕で「日本は貧困層拡大社会ではない」などといった認識を表明していることである。

　ただ、いずれにしても、他のクラスターと比較した場合、やはり特段の特徴があるとは言い難い。よって、このクラスターに属する回答者は、特段の福祉観を有していない若年層グループだと評することに無理はないと

いえよう。

【クラスター4】貧困層拡大の現状認識をベースに、弱者救済的価値観を支持するタイプ

　このクラスターに属する回答者（539人中の189人：35.1％）は、前掲のクラスター3と並び、6クラスターのなかで中核を占めるグループである。その特徴としては、〔質問21〕自己責任・家族責任論への批判的見解、〔質問19〕社会保障領域における反市場化指向が強い、〔質問25〕経済よりも福祉優先の価値観が強い、〔質問17〕応益負担型社会保障観への限定的支持（→応益負担よりも応能負担に対して親和的であることが示唆される）、〔質問33〕貧困自己責任論への限定的支持、〔質問11〕中間所得者層がわが国の中核だとする認識が、全クラスターのなかで最も弱い、〔質問12〕日本社会における格差の広がりを強く認め、〔質問13〕貧困層拡大社会に対する認識が強い、などを見出すことができる。また、格差拡大という現状認識を背景とし、〔質問16〕生活保護の権利性に対する理解なども、同クラスターの特徴となる。よって、これらの福祉観は、「貧困層の拡大という現状認識を基盤にした社会的弱者救済的価値観への支持」であると評することができよう。

【クラスター5】福祉優先で自己世代への負担増を許容し、国家責任を重視するタイプ

　このクラスターに属する回答者（539人中の39人：7.2％）は、特にクラスター2や後述するクラスター6とは対照的に、自己世代への負担増は避けるべきではない、とする見解に親和的である〔質問23、24〕。また、全体的に社会的・経済的弱者に対する国家責任を重視している点も、同クラスターの特徴である〔質問16、17、20〕。さらに、その他の回答傾向を鑑みたとき、このクラスターに属する回答者は、「福祉優先で自己世代への負担増を許容し、国家責任を重視するタイプ」と類型化することが可能である。

ただし、福祉意識は強いが、わが国に貧困層が多いという認識は限定的である〔質問13〕。この点は、クラスター4および後述するクラスター6とは大きく異なる現状認識である。

【クラスター6】社会保障制度による恩恵が不十分なため、自己世代への負担増には批判的なタイプ

このクラスターに属する回答者（539人中の74人：13.7％）は、福祉の重要性を認める点ではクラスター5（7.2％）と共通している。しかし、若年層に対する負担増には批判的スタンスを表明し〔質問23、24〕、また、貧困層拡大社会の認識が非常に強いなどの点で、クラスター5とは顕著な違いがある〔質問13〕。また、全クラスターのなかで、日本債務大国論を支持する割合と、社会保障制度から受ける恩恵が（高齢者世代と比較して）限定的だと考える割合が最も高い点も、同クラスターの特徴である〔質問14、30〕。また、だからこそ、若年層が社会保障から得られるものは少ないという意識は、〔質問31〕の高齢者優先型社会保障制度という現状認識として現れることになる。

以上のような現状認識に依拠した結果、福祉の重要性は認めつつも、同時に、社会保障制度からの恩恵が十分には受けられないと認識していることから、自己世代への負担増を否定するスタンスを表明するのが、このクラスターの特徴であるといえよう。

各クラスターのおおまかな特徴は前述したとおりであり、それらの中核に位置するのは、クラスター3（25.0％）とクラスター4（35.1％）である。そして、これら各クラスターの特徴と因子得点（表2-1から導かれる因子得点1～4）の平均値を比較したものが表2-3となる。

表 2-3　各クラスターの特徴と因子得点の平均値比較

福祉観類型	その主たる特徴	度数(人)割合(%)	自己責任・市場化	増税・国家責任	格差・貧困	世代間対立
C-1	自己責任論の受入れと理念的な福祉観の並存タイプ	44人 8.2%	-1.532	-0.703	0.141	-0.327
C-2	自己責任論をベースとしつつも、自己世代への負担増には否定的なタイプ	58人 10.8%	-0.933	1.331	0.307	-0.868
C-3	特段の福祉観を有していないタイプ	135人 25.0%	-0.210	0.244	0.876	0.514
C-4	貧困層拡大の現状認識をベースに、弱者救済的価値観を支持するタイプ	189人 35.1%	0.438	-0.292	-0.530	0.147
C-5	福祉優先で自己世代への負担増を許容し、国家責任を重視するタイプ	39人 7.2%	0.639	-0.988	0.510	0.931
C-6	社会保障制度による恩恵が不十分なため、自己世代への負担増には批判的なタイプ	74人 13.7%	0.571	0.194	-0.837	-0.929

資料：表 2-1 に同じ。
注：「自己責任・市場化」の値がマイナスになるほど、市場化推進派であることを意味する。「増税・国家責任」の値がマイナスになるほど、国家責任重視派であることを意味する。「格差・貧困」の値がマイナスになるほど、貧困の広がりを認める傾向が強いことを意味する。「世代間対立」の値がマイナスになるほど、社会保障領域における世代間の損得勘定意識が強い（→若年層にとって不利な制度であるという認識が強い）ことを意味する。

以上の知見を踏まえ、次節では6クラスターと属性のクロス集計を行う。

5　属性とクラスターにおけるクラメールの連関係数

導入部分でも述べたように、アンケート調査には40の設問を配置したことから、それぞれの単純集計結果およびその解説については、省略した経緯がある。ただし、前節までに明らかになった6クラスターをより深く

検証する観点から、本節では一部の属性と6クラスターについては、カイ二乗検定とクラメールの連関係数 (Cramer's V) を用いて分析を行う。なぜなら、これにより、属性とクラスターとの関係、およびその程度を明らかにすることが可能になるからである。なお、属性以外の項目に関しても一部分析を行った。結果は、表2-4のとおりである。

表2-4　クラメールの連関係数とp値の結果（属性×クラスター）

質問番号	属性や見解	Cramer's V	p値
1	性別	0.248	0.000
2	学年	0.131	0.012
3	所属学科	0.170	0.000
4	きょうだいの有無	0.096	0.464
5	世帯構成	0.066	0.958
6	身近な福祉サービス利用者の有無	0.136	0.012
7	両親の最終学歴	0.123	0.038
8	父親の雇用形態	0.103	0.310
9	母親の雇用形態	0.089	0.665
10	家庭の暮らし向き	0.147	0.000
15	日本のあるべき社会像	0.162	0.000
28	社会保障の財源先	0.142	0.004

資料：表2-1に同じ。

　クラメールの連関係数に関しては、一般的には0.250あたりが相関の目安だと捉えられている。しかし今回の分析では、いずれの結果も0.250未満であった。これは、福祉研究では大きな意味を有するのではないだろうか。なぜなら、福祉の実態研究の一翼を成す貧困研究を例に挙げれば、属性（たとえば、親の学歴・雇用形態、母子家庭または父子家庭など）は、かなりの割合で当該家族およびその子どもが貧困であるか否かを規定する要因となっているからである。よって、そうした種類の調査結果を見慣れていると、今回の調査でも属性が社会保障観の主要な規定要因になっているのではないか、という感覚を無意識のうちに抱くことになる。こうした

解釈の妥当性に関しては、福祉領域に関心を有する者であれば、比較的無理なく了解できることであろう。

しかし、クラメールの連関係数から導かれた答えは、属性はクラスター（→社会保障観）を規定する主因だとは言い難い、という意外な事実であった。しかも、出てきた値（影響力の程度）は、筆者の予想を遥かに下回る限定的なものであった。換言すれば、属性以外の要因、たとえば、これまでの人生で、どのような情報に数多く触れてきたのか、といったことが、社会保障観の形成には、より重要になる可能性がある、ということである。

念のため、6クラスターとの関係で、クラメールの連関係数が高かった属性の上位5つ――性別（0.248）、所属学科（0.170）、家庭の暮らし向き（0.147）、身近な福祉サービス利用者の有無（0.136）、学年（0.131）――に関しては、別途、複合型の属性として再編し、6クラスターとの連関係数を算出した。具体的には、単独では最も値の高かった性別を固定化させる形で、他の属性一つと掛け合わせ、その後、6クラスターとの連関係数を算出した（表2-5のA〜D）。また、専門性を学んだ期間の違いが、社会保障観の形成に影響を与え得るのではないかと想定し、「学年×所属学科」と6クラスターによる連関係数も算出した（同E）。その結果は、表2-5のとおりである。

表2-5 「複合型の属性」×「6クラスター」のクラメールの連関係数とp値の結果

記号	属性の組み合わせ	Cramer's V	p値
A	「性別」×「所属学科」	0.189	0.000
B	「性別」×「家庭の暮らし向き」	0.202	0.000
C	「性別」×「身近な福祉サービス利用者の有無」	0.170	0.000
D	「性別」×「学年」	0.170	0.000
E	「学年」×「所属学科」	0.226	0.000

資料：表2-1に同じ。

この結果によると、2つの属性の組み合わせの場合、連関係数は0.170〜0.226の範囲に収まっていることが理解される。すなわち、上位の属性

同士の組み合わせに特化した場合でも、属性は（少なくとも、それ自体単独では）思いのほか強い規定要因になってはいないことが窺えるのである。

6　t検定と相関比による分析

　これまでに現役大学生の有する社会保障観の実態を把握する目的で、アンケート調査から得られたデータを活用し、「因子分析→因子抽出→因子得点に基づいた社会保障観の類型化→クラメールの連関係数からみた各クラスターと属性との関係」という流れで分析を行った。その結果、筆者としては意外な結論に辿り着いた。それは、属性はクラスター（→社会保障観）を規定する主因だとは言い難い、という分析結果である。とりわけ、所属学科の違いが社会保障観のクラスターに与える影響が限定的であった事実は、捉えようによっては、福祉系学科で福祉を学ぶ意義は何か、という重い問いを含意する。そこで、アンケート調査の回答を、福祉系学科で学ぶ学生の回答と、非福祉系学科で学ぶ学生のそれとに峻別したうえで、t検定[6]と相関比による分析手法を用いて、前記見解の妥当性を再検証することとした。

　なお、序論でも記したが、今回の調査では「社会保障・社会福祉に関する意識調査」ということもあり、最終的に調査の受入れを快諾していただいた大学には、福祉系学部・学科を擁するところが多く、また、窓口となっていただいた教員の所属の関係で、アンケート調査用紙を配布された学生も、福祉系学部・学科の学生が多くなった経緯がある。その結果、本調査は、福祉系大学生をメインにした社会保障観への接近となった側面が強いことは否めない。

　しかし、社会保障・社会福祉領域に関心のある若年層であり、彼ら彼女らの少なくない割合が、わが国における近未来の社会福祉従事者になる福祉系大学生の社会保障観に接近することは、今後の福祉現場における彼ら彼女らの影響力を鑑みたとき、相応の意味があるといえよう（→このよう

な回答者の特性を考慮に入れ、第5章におけるインタビューでは、福祉系教員を対象とした)。

　以上の点を踏まえ、ここでは前述した539人のなかで、所属学科に関する回答が不明瞭、もしくは無回答であった2人を除く537人(福祉系学科400人、非福祉系学科137人)が分析対象になった。そして、この537人を対象として、前記の因子得点1～4について、福祉系学科と非福祉系学科のそれぞれにおいて平均値と標準偏差を求め、t検定の結果を算出した。その結果は表2-6のとおりである。

表2-6　福祉系学科と非福祉系学科の学生別による因子のt検定結果

	所属学科	度数	平均値±標準偏差	p値
第1因子 自己責任・市場化	福祉系学科	400	0.088±0.910	0.000
	非福祉系学科	137	-0.256±0.861	
第2因子 増税・国家責任	福祉系学科	400	-0.079±0.772	0.001
	非福祉系学科	137	0.238±1.026	
第3因子 格差・貧困	福祉系学科	400	-0.151±0.809	0.000
	非福祉系学科	137	0.432±0.886	
第4因子 世代間対立	福祉系学科	400	0.000±0.755	0.935
	非福祉系学科	137	-0.008±0.993	

資料:表2-1に同じ。

　この分析結果から、次のことが明らかにされた。それは、表2-1で明らかにされた4つの因子 ――(1)自己責任・市場化、(2)増税・国家責任、(3)格差・貧困、(4)世代間対立 ―― のなかで、第1因子～第3因子に関しては、福祉系と非福祉系との間に有意差があり、第4因子に関しては有意差がない、というものである。

　この有意差があると判断された3つの因子に関しては、一見すると、福祉系学科で学ぶ現役大学生が有する社会保障観と、非福祉系学科で学ぶ現役大学生が有する社会保障観との差異を示唆するものであるように推察される。それゆえ、この差にこそ、福祉系学科で福祉を学ぶことの学習効果の

本質部分が内在しているのではないか、という心証を、少なくとも筆者はこの段階で抱いた。しかし、有意差は実用上の差を常に伴うものではない。

そこで t 検定の後、相関比（SPSS ではイータの二乗）を算出した。その結果は、少なくとも福祉系学科で福祉を学ぶことによる、ある種の学習効果の存在を期待していた筆者にとっては、意外なものであった。なぜなら t 検定の段階では、第 1 ～ 3 因子で有意な差があるとなってはいたものの、相関比を算出すると、その値は極めて限定的なものであることが判明したからである。[7]

実際、表 2-7 にあるとおり、因子 1 の相関比は 0.027、因子 2 は 0.026、因子 3 は 0.086、そして有意差がないとされた因子 4 は 0.000 という値になった。[8] こうしたデータを前にすれば、福祉系学科で学ぶ現役大学生が有する社会保障観と、非福祉系学科で学ぶ現役大学生が有する社会保障観との間には、統計的に有意な差が認められる部分はあるものの、実用上の差があるとまでは言い切れないことになる。換言すれば、両者の差異は些細な差に過ぎない、ということである。[9]

表 2-7　相関比の分析結果

	相関比
因子 1	0.027
因子 2	0.026
因子 3	0.086
因子 4	0.000

資料：表 2-1 に同じ。

以上の分析結果を踏まえ、福祉系学科で学ぶ現役大学生が有する社会保障観と、非福祉系学科で学ぶ現役大学生が有する社会保障観との間には、有意差はあっても、実用上の差までは見出すことができなかった。こうなると、経済的に豊かであろうがなかろうが、身近に福祉サービスを必要とする人がいようがいまいが、また、所属学科の違いがあろうがなかろうが、実はそれらの属性は、個々人の社会保障観の形成に、思ったほどには強い影響を与えているわけではない、少なくとも単独で強い影響を与えているわけではない、ということはいえよう。

7　小括

　本章では、現在およびこれからの若年層が、どのような社会保障観を抱いているのかという点に注目し、現役大学生を対象に実施したアンケート調査結果を、多角的な観点から分析した。

　まず、因子分析によって得られた因子得点からクラスター分析を行い、最終的に6クラスターを抽出した。その結果、特段の福祉観を有していないクラスター3が全体の25.0％を占めること、また、クラスター2やクラスター6のように、若年層に対する負担増に対して、明確な拒否感を示す割合も、それぞれ10.8％、13.7％となっていることなどが明らかにされた。その一方、クラスター4のように、貧困層の拡大を背景とした弱者救済的価値観への支持を表明する若年層も35.1％を占めていることなどが確認された。大雑把にいえば、これら大枠としての3つの福祉観だけで全体の約85％を占め、かつ、それらが似たような比率で並存するという状況が見出された、ということである。いわゆる社会福祉基礎構造改革が進展する現状を鑑みたとき、これは揺らぎのなかにある社会保障観の反映とでも解釈可能な結果である。

　次に、属性と6クラスターとをクロス集計することで、「どの属性が、クラスターに相応の影響を与えているのか」といった点に注目した。その結果、属性は必ずしも強い規定要因になっているわけではない、という事実が、クラメールの連関係数を算出することで明らかになった。

　以上の結果、総和としていえることがある。それは、属性以外の要因、たとえば福祉に関するどのような情報に数多く触れてきたのかが、当人の社会保障観を形成する主要因となり得る可能性を本調査結果が示している、ということである。その意味で、大手メディアがわが国の社会保障を「どのような論調で描いているのか」に、より注視すべきであり、またそれを受け取る側にも、相応のメディアリテラシーが求められる時代だといえよう。

　また、クラスター3（25.0％）に属する若年層は、特定の福祉観を有していないというその特性から、近年、厚生労働省が強力に推進している新し

い社会保障教育[10]による影響を受けやすいと合理的に考えられるが、社会保障観の形成に属性が重要な規定要因とならないのであれば、他のクラスターに対しても、当該教育が相当の影響力を及ぼす可能性を否定できない、ということになる。そうした認識に依拠した場合、メディアの影響力と並行して、新しい社会保障教育政策にも注視する意義は大きいといえよう。

注

1　阿部敦（2018）「福祉系大学生と福祉系専門学校生の抱く『社会保障観』── 教育機関の差異は、学生の『社会保障観』に影響を与えるのか」『福祉研究』（112）、日本福祉大学社会福祉学会、65-75 頁。阿部敦（2017）「現役大学生の有する『社会保障観』への接近 ── 因子分析、クラスター分析、t 検定、相関比を用いて」『社会福祉科学研究』（6）、社会福祉科学研究所、153-162 頁。横山壽一・阿部敦・渡邊かおり（2011）『社会福祉教育におけるソーシャル・アクションの位置づけと教育効果 ── 社会福祉士の抱く価値観の検証』金沢電子出版株式会社、215-388 頁。

2　アンケート調査の実施にあたっては、受入れ先大学の窓口教員を介して、当該大学の倫理規定に抵触することがないよう、適切な手続きをしていただいた。ただし、詳細を記すことは、被調査大学を特定することになるため、ここでの詳述は控えることとする。

3　阿部敦（2018）『増補版　社会保障抑制下の国家・市民社会形成 ── 社会保障・社会福祉教育の展開と市民社会の弱体化』金沢電子出版株式会社、45-98 頁。

4　因子負荷量をいくつ以上にするのかについては、明確な基準が存在するわけではない。ただし今回は、本調査を実施するにあたって参考とした河合克義の著書である『老人に冷たい国・日本 ──「貧困と社会的孤立」の現実』に掲載されている表の因子負荷量である 0.3 以上を採用した。次を参照。河合克義（2015）『老人に冷たい国・日本 ──「貧困と社会的孤立」の現実』光文社、142-146 頁。

5　本章第 4 節では、それぞれのクラスターをネーミングした経緯を叙述する観点から、全体の数値なども含め、データを掲載した。また、同節の 60 頁では、「平均値より 30％以上高い場合には、『非常に強い』という表現を用いることとした」のように、断り書きを入れる形で、ある種の線引きを行った。もっとも、こうした「○○％以上」などという線引きに、統計学的な根拠があるわけではないが、各クラスターの大枠的な特徴を説明しやすくするために、先のような断り書きを入れた次第である。

6　なお、今回の分析ではウェルチの t 検定を採用した。

7　ここでは、t 検定で福祉系と非福祉系の有意差を出し、その後、相関比で福祉系と非福祉系との違いの程度を検証している。その際、相関比の値が小さいことから、誤解を生じさせる可能性があると推察されるので付記するが、これは p 値ではなく相関係数の一種である。

8 この表 2-7 に掲載された数値の意味を理解する観点から、効果量については、次を参照されたい。水本篤・竹内理（2008）「研究論文における効果量の報告のために —— 基礎的概念と注意点」『英語教育研究』（31）、関西英語教育学会、57-66 頁。同論文の 62 頁には、各指標の目安となる値が掲載されている（表タイトルは「検定（分析）の種類ごとに見る代表的な効果量の指標と大きさの目安」）。

なお、この表 2-7 に掲載された値を以て、差の大小が判断できるものではない。ただし、相関比（η 2 乗）は相関係数の一種であることから、目安を設ければ、データの単位に影響されることなく比較することは可能である。そうした知見を踏まえ、この表 2-7 の相関比をみてみると、その値は全て 0.1 にも届いていないことが確認される。またこれは、前掲の水本らの論文に掲載された効果量の目安を下回っていることも分かる。それ故、差の小さいことが確認できる。

9 筆者は過去の拙稿において、相関比の目安を 0.25 として論旨を展開した経緯がある。前出の水本・竹内（2008）の 62 頁目にある「検定（分析）の種類ごとに見る代表的な効果量の指標と大きさの目安」の一覧表を用いた場合、相関比は「（4）一元配置分散分析の 1 行目にある η^2」に該当するわけだが、その目安を見ると、効果量（大）の目安は、0.14 となっている。

実は、相関比には、同表の（1）にある相関分析の r を 2 乗したものと一致する性質がある。事実、前掲の水本らの論文でも「η^2 は r を 2 乗したものとまったく同じ」（同 63 頁）と書かれているため、本来であれば目安も 2 乗にすべきである。すなわち、効果量小が 0.01、効果量中が 0.09、効果量大が 0.25 であるのが望ましい、ということになる。こうした知見に関しては、統計分析を専門とする株式会社エスミの中川一成氏からご指導をいただいた。

以上のような経緯があり、拙稿では、相関比の目安を 0.25 とした次第である。次を参照。阿部敦（2018）「福祉系大学生と福祉系専門学校生の抱く『社会保障観』——教育機関の差異は、学生の『社会保障観』に影響を与えるのか」『福祉研究』（112）、日本福祉大学社会福祉学会。

10 阿部敦（2018）『「新しい社会保障教育」政策と地域共生社会』関西学院大学出版会、5-77 頁。

第3章

福祉系大学生と福祉系専門学校生の抱く「社会保障観」

本章の目的

　本章の目的は、「福祉系学科で学ぶ現役大学生の抱く社会保障観」と、「福祉系専門学校で学ぶ現役学生の抱く社会保障観」とを比較した場合、両者には差異が生じているのか否か、という問いの解に接近することである。このような課題を設定した理由は、第2章の分析結果に求めることができる。

　第2章のポイントの一つは、現役大学生を「福祉系学科で学ぶ現役大学生」と「非福祉系学科で学ぶ現役大学生」とに峻別して、t検定や相関比などの統計的手法を用いてそれぞれの社会保障観を分析した結果、両者の社会保障観に実用上の差までは見出し難いことが判明した、というものである。また、福祉系学科で福祉を専門的に学んだ期間の長短が、特定の社会保障観への帰結を促す、というわけでないことも判明している（第2章表2-6、表2-7参照）。

　すなわち、福祉を専門的に学ぶこと（→学科間の差異）、および学んだ期間の長短（→学年間の差異）が、特定の社会保障観の形成には連動していない現実が見出された、ということである。これは「専門的に福祉を学ぶことの意義（≒学習効果）とは、一体何なのか」という問いにも連動し

得る分析結果であった。

　ただしこれは、学科、学年は異なるものの、大学という教育機関としては、同じカテゴリーに属する者たちの回答でもある。すなわち、捉え方次第では、教育機関のタイプの違いがあれば、同じような年齢層でも社会保障観に差異が生じ、それが特定タイプの高等教育機関で福祉を学ぶ学習効果の反映になるのではないか、と捉えることも可能である。

　そこで筆者は、同じ高等教育機関であっても、社会的なイメージとしてはより実技重視の色合いが強い福祉系専門学校で学ぶ現役学生に注目した。要するに、「福祉系学科で学ぶ現役大学生の抱く社会保障観」と、「福祉系専門学校で学ぶ現役学生の抱く社会保障観」とを比較した場合、両者には差異が生じているのではなかろうか、という心証の妥当性を確認することにしたのである。

　換言すれば、仮に両者の社会保障観に、統計的に有意な差が認められたならば、その差を生じさせた因子にこそ、大学で、もしくは専門学校で、福祉を専門的に学ぶ意義（≒学習効果）が見出せるのではないか、ということである。そこで筆者は、第2章で用いた分析手法（因子分析、因子抽出、t検定、相関比）を援用し、両者の比較分析を行うこととした。

1　本章の枠組み

　前記課題を検証する場合、本来であれば、次の7項目を網羅する必要がある。それらは順に、(1) 2つのアンケート調査の概要、(2) 調査項目設定の意図、(3) 先行研究の要旨、(4) 2つのアンケート調査を用いた因子分析、(5) t検定と相関比による比較分析、(6) 質問ごとのt検定と相関比による分析、(7) 以上を踏まえた総合的な知見、である。しかし、紙幅の関係上、これら全てを網羅することは困難である。そこで本章では、(1)、(4)～(7)に特化して、論旨を展開する。

2 アンケート調査の概要

　ここでは、本章で用いる2つのアンケート調査について概説する。なお、理解促進の観点から、第2章の内容を一部再掲する。

　はじめに、2016年1月、筆者は全国にある全ての国公私立大学（4年制）のなかから無作為に20大学を選出し、社会保障観の実態把握に関するアンケート調査への協力を打診した。その結果、5大学から調査への快諾を得ることができた。

　アンケート調査における項目は、「個人、家族の属性に関する項目」、「日本社会への現状認識に関する項目」、「社会福祉基礎構造改革に関する項目」、「社会保障の責任主体に関する項目」、「自己世代の負担増に関する項目」、「負担増の使途に関する項目」、「世代間対立に関する項目」、「貧困に関する項目」、「社会保障抑制・防衛力増強論に関する項目」などから構成されている。質問総数は40問である。

　アンケート調査用紙の配布期間は、2016年6月1日〜同年6月30日、最終的な回収期日は、同年7月10日（消印有効）までとした。なお、アンケート調査用紙は、各大学の窓口教員などが指定した予定回答者人数分をそれぞれ郵送した。

　以上の手順を経て、最終的には総計700名に対してアンケート調査用紙を配布することが可能となり、587名から有効回答を得た。回収率は83.9％となる。

　同調査から5カ月後、筆者は全国の福祉系専門学校[1]のなかから無作為に10校を選出し、アンケート調査への協力を打診した。その結果、3つの福祉系専門学校から、調査協力の快諾を得た。当該校は、いずれも都市部にある男女共学の私立学校である。

　その後、大学生用に使用したアンケート調査と（所属学科に関する設問部分以外は）同一のものを、先方の窓口教員に送付した。なお、アンケート調査の実施期間は、2016年12月5日〜同年12月25日、最終的な回収期日は、同年12月26日（消印有効）までとした。

本来であれば、第 2 章で取り上げたアンケート調査における大学生と同程度の標本数を目指したいところであった。しかし、大学全入時代といわれる昨今、福祉系専門学校への入学希望者は定員を大きく下回るケースが多く、定員の過半数割れも全国的に常態化している[2]。そうしたことも影響し、アンケート調査用紙の配布数である 200 人対して、最終的な有効回答は 116 人（58.0％）に留まった。この点は、2 つのアンケート調査実施時期にタイムラグがあること併せて、本アンケート調査の制約として記しておきたい。

3　因子分析と因子抽出

　本節では、比較分析を行う前提として、彼ら彼女らの社会保障観を形成する因子を特定する必要性から、因子分析の結果を叙述する。

　まず、1 つ目のアンケート調査（2016）から、大学の福祉系学科に所属すると回答した者を抽出した。次いで、当該データを 2 つ目のアンケート調査（2016）のデータと統合した。これにより、福祉を主専攻とする者のみで構成される標本ができた。

　因子分析の対象となった人数は、統合版データの総計 557 人（福祉系大学生 441 人と福祉系専門学校生 116 人）中の 507 人（91.0％）である。これは、両アンケート調査に共通する〔質問 15〕と〔質問 28〕を除く〔質問 11〕〜〔質問 35〕——いずれも回答の選択肢が「そう思う」、「まあ、そう思う」、「どちらともいえない」、「あまりそう思わない」、「まったくそう思わない」で構成されている——の全てに回答した者だけが分析対象になることから、1 問でも無回答がある回答者を除外したものである。

　因子分析の因子抽出方法としては、第 2 章のそれと同じく最尤法を採用した。また、回転法は、Kaiser の正規化を伴うプロマックス法とし、6 回の反復で回転が収束している。分析の結果は、表 3-1 のとおりで、因子負荷量が 0.3 以上の数値に網掛けをした（第 2 章脚注 4 参照）。

第3章　福祉系大学生と福祉系専門学校生の抱く「社会保障観」　79

表 3-1　因子抽出時のパターン行列（福祉系大学生と福祉系専門学校生の統合版）

〔質問文〕＊以下の質問文は、もともとの質問文を簡略化した表現で記している。	因子 1	因子 2	因子 3	因子 4	抽出した因子
〔質問21〕介護や老後の生活などの諸問題は、基本的に自己責任、もしくは家族の責任で対応すべきだと思う、という考え方について、あなたはどう思いますか？	0.706	0.042	0.018	-0.039	第1因子 自己責任・市場化
〔質問33〕一般論として、人が貧困に陥るのは、その人の努力不足が主因だと思う、という考え方について、あなたはどう思いますか？	0.687	-0.083	0.009	-0.040	
〔質問17〕貧乏人は限られた医療、福祉サービスしか享受できないかもしれないが、それはある程度、致し方ないことだと思う、という考え方について、あなたはどう思いますか？	0.657	-0.108	0.000	0.111	
〔質問25〕仮に増税されるのであれば、社会福祉よりも、経済の活性化の方にお金を活用して欲しい、という考え方について、あなたはどう思いますか？	0.642	-0.101	0.097	0.069	
〔質問19〕医療、福祉などは、国が責任を持って対応するよりも、商品の売買同様、市場に任せる方が効率的で良いように思う、という考え方について、あなたはどう思いますか？	0.598	0.022	0.000	0.063	
〔質問32〕高齢者の割合が増大するのは分かるが、高齢者であっても、できるだけ自己責任で生活をして欲しいと思う、という考え方について、あなたはどう思いますか？	0.503	-0.087	0.184	-0.027	
〔質問35〕日本をとりまく国際情勢の変化を鑑みたとき、福祉予算を削減してでも防衛力を強化すべきだと思う、という考え方について、あなたはどう思いますか？	0.502	0.069	-0.022	-0.059	
〔質問29〕高齢者にも貧乏な人や富裕な人など、様々な人がいるが、総じて日本の高齢者は経済的にゆとりがあるように思う、という考え方について、あなたはどう思いますか？	0.404	0.096	0.153	-0.241	
〔質問26〕仮に増税されるのであれば、高齢者や障がい者への対策を中心とした社会福祉にお金を活用して欲しい、という考え方について、あなたはどう思いますか？	-0.109	0.624	-0.061	-0.031	第2因子 増税・国家責任
〔質問23〕高齢者を中心とした介護や医療などの不安が軽減されるのであれば、若い世代の負担増は致し方ないと思う、という考え方について、あなたはどう思いますか？	0.272	0.552	-0.411	-0.004	
〔質問20〕税金や社会保険料などが高くなることは致し方ないが、その分、国は責任をもって福祉、医療サービスを提供すべきだと思う、という考え方について、あなたはどう思いますか？	-0.188	0.449	0.236	-0.004	

質問					
〔質問18〕医療や福祉サービスなどの社会保険の給付は、保険料などの支払いとは無関係に、それが必要となる度合いに応じて受給できるようにすべきである、という考え方について、あなたはどう思いますか？	-0.072	0.438	0.190	0.064	第2因子 増税・ 国家責任
〔質問16〕真に貧困で困っている人やその家族には、国が税金で経済的に保護することは当然のことだと思う、という考え方について、あなたはどう思いますか？	-0.126	0.403	0.157	0.025	
〔質問34〕一般論として、人が貧困に陥るのは、努力しても報われ難い社会構造や政治（政策）が主因だと思う、という考え方について、あなたはどう思いますか？	-0.047	0.357	0.198	0.090	
〔質問22〕経済基盤の弱い自治体で、貧困にあえぐ人々や障がい者への必要な福祉は、人々の相互扶助で対応すべきだと思う、という考え方について、あなたはどう思いますか？	0.177	0.355	0.031	0.099	
〔質問24〕若い世代の負担増は、社会の活力や経済成長にマイナスに作用するので、できるだけ避けるべきだと思う、という考え方について、あなたはどう思いますか？	0.218	-0.044	0.530	0.093	第3因子 世代間 対立
〔質問31〕税金や社会保険料が適切に使用されるのであればよいが、実際には、若年層向けの補助や政策は限定的なイメージがある、という考え方について、あなたはどう思いますか？	0.085	0.084	0.499	-0.029	
〔質問30〕若い世代は、将来、支払った額に見合うだけの年金が受給できないように思う、という考え方について、あなたはどう思いますか？	0.023	0.198	0.433	-0.041	
〔質問27〕経済と福祉の双方を成長、充実させる政策があれば素晴らしいと思うが、現実には極めて困難である、という考え方について、あなたはどう思いますか？	0.086	0.219	0.320	-0.079	
〔質問13〕あなたは、日本は貧困層が多い国だと思いますか？	0.044	0.115	-0.056	0.735	第4因子 格差・ 貧困
〔質問12〕あなたは、日本は個々人の経済格差の大きな国だと思いますか？	0.022	0.099	0.067	0.610	
〔質問11〕あなたは、日本は中間所得者層が人口の多くを占める国だと思いますか？	0.107	0.226	0.106	-0.309	
〔質問14〕あなたは、日本は国として、多額の借金を抱える国だというイメージをもっていますか？	-0.072	0.067	0.203	0.266	

資料：阿部敦『大学の学部・学科で学ぶ現役学生の福祉、社会等に関する意識調査』
2016 年 6 月 1 日〜同年 7 月 10 日まで実施のアンケート調査の集計結果。
阿部敦『福祉および福祉関連領域を主専攻とする専門学校生の意識調査』
2016 年 12 月 5 日〜同年 12 月 26 日まで実施のアンケート調査の集計結果。

このように、福祉系大学生と福祉系専門学校生の統合データからは、福祉を主専攻とする現役学生の抱く社会保障観を形成する因子として、（ⅰ）自己責任・市場化、（ⅱ）増税・国家責任、（ⅲ）世代間対立、（ⅳ）格差・貧困、の4つを抽出することができた。なお、これを第2章で掲載した「現役大学生の抱く社会保障観（→福祉系大学生の抱く社会保障観と、非福祉系大学生の抱く社会保障観とを統合したもの）」を形成する因子と比較した場合、因子得点の違いや、因子の順番が一部入れ替わっているものの、4つの因子の質問区分などはほとんど同一であり、全体としては非常に類似したものとなった。それゆえ、4つの因子の名称は、同一のものとなっている。

4　t検定と相関比による分析

因子の特定を踏まえ、t検定と相関比を用いた比較分析を行う。そこで表3-1で明らかにされた因子得点1～4について、福祉系大学生と福祉系専門学校生のそれぞれにおいて平均値と標準偏差を求め、t検定の結果を算出した。結果は、表3-2のとおりである。

表3-2　福祉系大学生と福祉系専門学校生の学生別による因子のt検定結果

	所属学科	度数	平均値±標準偏差	p値
第1因子 自己責任・市場化	福祉系大学生	400	0.094±0.902	0.000
	福祉系専門学校生	107	-0.351±0.894	
第2因子 増税・国家責任	福祉系大学生	400	-0.100±0.783	0.000
	福祉系専門学校生	107	0.375±0.994	
第3因子 世代間対立	福祉系大学生	400	-0.070±0.765	0.001
	福祉系専門学校生	107	0.263±0.925	
第4因子 格差・貧困	福祉系大学生	400	-0.090±0.839	0.000
	福祉系専門学校生	107	0.338±0.753	

資料：表3-1に同じ。

この分析結果から、次のことが明らかにされた。それは、表3-1で明らかにされた4つの因子の全てにおいて、福祉系大学生と福祉系専門学校生との間に有意差が認められたというものである。こうしたデータを前にすると、大学と専門学校という教育機関の違いは、社会保障観の違いを生み出しているように推察される。それゆえ、この差にこそ、大学で、もしくは専門学校で福祉を学ぶことの学習効果の本質部分が内在しているのではないか、という心証を、少なくとも筆者はこの段階で抱いていた。しかし、有意差は実用上の差を常に伴うものではない。

　そこで前章と同じくt検定の後、相関比を算出した。その結果は、大学、もしくは専門学校で福祉を専門的に学ぶことによる、ある種の学習効果の存在を期待していた筆者の考えを否定するものであった。なぜならt検定の段階では、全因子で有意な差があるとなってはいたものの、相関比を算出すると、その値は極めて限定的なものであることが判明したからである。

　実際、表3-3にあるとおり、因子1の相関比は0.039、因子2は0.052、因子3は0.028、そして因子4は0.043という値になった。こうしたデータを前にすれば、福祉系学科で学ぶ現役大学生が有する社会保障観と、福祉系専門学校で学ぶ現役学生が有する社会保障観との間には、統計的に有意な差が認められる部分はあるものの、実用上の差があるとまでは言い切れないことになる。換言すれば、両者の差異は些細な差に過ぎない、ということである（第2章脚注7～9参照）。

表3-3　相関比の分析結果
（福祉系大学生と福祉系専門学校生）

	相関比
因子1	0.039
因子2	0.052
因子3	0.028
因子4	0.043

資料：表3-1に同じ。

　そして表3-1の因子分析の時と同じく、このt検定と相関比の分析結果に関しても、前章における分析結果と同様の傾向が認められた。事実、現役大学生を対象としたアンケート調査結果を基に作成された表3-4および表3-5（それぞれ第2章の表2-6と表2-7の再掲）は、前掲の表3-2と同表3-3と類似している。

表 3-4　福祉系学科と非福祉系学科の大学生別による因子のt検定結果

	所属学科	度数	平均値±標準偏差	p値
第1因子 自己責任・市場化	福祉系学科	400	0.088±0.910	0.000
	非福祉系学科	137	−0.256±0.861	
第2因子 増税・国家責任	福祉系学科	400	−0.079±0.772	0.001
	非福祉系学科	137	0.238±1.026	
第3因子 格差・貧困	福祉系学科	400	−0.151±0.809	0.000
	非福祉系学科	137	0.432±0.886	
第4因子 世代間対立	福祉系学科	400	0.000±0.755	0.935
	非福祉系学科	137	−0.008±0.993	

資料：阿部敦『大学の学部・学科で学ぶ現役学生の福祉、社会等に関する意識調査』2016年6月1日〜同年7月10日まで実施のアンケート調査の集計結果。

**表 3-5　相関比の分析結果
（福祉系大学生と非福祉系大学生）**

	相関比
因子1	0.027
因子2	0.026
因子3	0.086
因子4	0.000

資料：表3-4に同じ。

以上のとおり、福祉系大学生の抱く社会保障観と、福祉系専門学校生の抱く社会保障観との間には、実質的な差は見出せなかった。すなわち、教育機関のタイプの違いは、学生が抱く社会保障観が形成される過程において、それほどの規定要因にはなっていない、ということである。

5　分析結果の解釈

　前節までの分析を通じて明らかにされたように、大学と専門学校という教育機関の差異にもかかわらず、彼ら彼女らが抱く社会保障観に実用上の差は見出し難い、という分析結果が導かれた。これは、非常に興味深い結果である[3]。ただしこれに関して、筆者としての見解を表明するのは容易ではない。その理由は、同結果には、正反対の解釈を与えることが可能になるからである。

たとえば、専門学校生と大学生の社会保障観の類似性を、将来の社会福祉従事者の均質性を担保するという意味で、肯定的に捉えることは可能である。その一方、この結果を、資格偏重教育が生み出した「大学教育の専門学校化だ」と否定的な解釈をすることも可能である。

　実際、4年制大学を卒業するための最低必要単位数は124単位（標準的に2単位30時間で計算すると1,860時間）であるが、社会福祉士の受験資格を得るためには、実習単位も含め、そのうちの最低1,200時間を資格対策に割かなければならない。もちろん、こうした要件は専門学校にも当てはまる。よって、大学福祉教育の専門学校化という否定的なニュアンスを伴う指摘は、ある意味において不当ではない。しかしそれは、専門学校の大学化という文脈でも捉えることができる。

　このように、データ結果に対する解釈は、個人差の大きいことが想定される。とはいえ、福祉を主専攻とする者を対象とした高等教育機関における福祉教育が、事実上、国家試験対策に傾注していることが、福祉系大学生と福祉系専門学校生の社会保障観に差異を生じさせ難くする主因の一つではあろう。

　その際、ポイントになるのは、試験対策には制度に対する正確な運用理解が優先され、政策評価の部分はおざなりになりかねない、という現実である。しかも、社会保障観の形成により強い影響を与え得るのは、一般的には（制度に対する）運用理解よりも、当該制度・政策に対する心証（＝評価）である。しかし、そうした政策評価は、国家試験の対象外である。よって、各教員の追加的な教育配慮がなければ、政策評価における受講生の知見は限られることになる。その結果、福祉を専門的に学ぶ現役学生が有する社会保障観は、その学びの期間が長くなろうとも、また、教育機関の差異があろうとも、それほどの差を生じさせないのではなかろうか、と推察されるのである。

6 小括

　本章の主たる目的は、2つのアンケート調査結果を用いることで、「福祉系学科で学ぶ現役大学生の抱く社会保障観」と、「福祉系専門学校生の抱く社会保障観」を比較し、多角的な観点から検証することであった。そして、拙稿における知見も加味した結果、学科、学年、そして教育機関の如何を問わず、若年層の抱く社会保障観には、顕著な差異を見出すことが困難であることが判明した。

　換言すれば、「福祉系学科（大学）で福祉を専門的に学ぶことの学習効果とは何か」という第2章から導かれた問いに加え、さらに「福祉系専門学校ではなく、あえて大学の福祉系学科で福祉を専門的に学ぶことの意義とは何か」という問いが今回の分析から導かれた、ということである。これは、大学における福祉教育のアイデンティティを何に見出すことができるのか、という点で重い問いを内包しているといえよう。

　ただし、誤解のないように記しておくが、当然ながら「福祉系学科で学ぶ現役大学生が抱く社会保障観」と、「福祉系専門学校で学ぶ現役学生が抱く社会保障観」との間に何かしらの差異が認められなければ、大学教育として疑問符が付く、などという主張をするつもりはない。その点は、是非とも強調しておきたい。そうした認識を踏まえたうえで、それでもなお問われるべきは、先のような分析結果をどのように評価することが、より的確な実態把握になるのか、ということである。

注

1　このアンケート調査で採用した福祉系専門学校とは、専門学校の名称が福祉専門学校である場合はもちろんのこと、医療福祉専門学校、また、保育福祉専門学校など、学校名に福祉を含め、かつ、福祉に隣接する専門分野を名称に含む専門学校のことである。
2　NHK NEWS WEB『介護福祉士育成の学校 27年度入学者は定員の半分』（2016年3月29日）によると、介護関連の学校で作る団体が、介護福祉士を育成する全国

の専門学校や大学を対象に、同年度の入学者数を調べた結果、定員全体の半数となる 8,800 人余りに留まったことが判明したという。なお、都道府県別では全てで定員割れとなっているとのことである。

3 これに関連して、因子分析に用いた 23 の設問について、福祉系大学生の回答と福祉系専門学校生のそれとを、単純集計の観点から比較した結果、興味深い傾向が見出された。それは、福祉系専門学校生のほうが、福祉系大学生より「どちらともいえない」の回答率が、そのすべての設問において、相当程度（全体平均でも 17.8％）高くなっていたことである。t 検定で有意差ありとなった一因は、この差に起因すると考えられよう。

第 4 章

わが国の若年層が抱く「社会保障観」の未来像

本章の目的

　本章では、わが国の若年層が抱く社会保障観が、今後、どのように変化する可能性が高いのか、という点について考察を深めることとする。この課題を果たす目的で、はじめに「社会保障観の未来像」を検証する際の3つの手法──(1) 属性とクラスターとの相関、(2) 判別分析、(3) 社会的公正さの指標──を概説し、その分析結果を紹介する。次に、分析結果から推察される社会保障観の未来像の大枠的な特徴について考察し、最終的に筆者としての提言を述べる。

1　クラメールの相関係数から考察する「未来の社会保障観」

　わが国の若年層が抱く社会保障観の現状に関しては、本論の第2章で叙述したとおりである。それでは将来、彼らの社会保障観は、どのように変化する可能性が高いのであろうか。この点を検証するため、はじめにクラメールの連関係数を用いた未来の社会保障観の推察方法について概説する。なお論旨の展開上、前章同様、第2章の内容と一部重複する表や記述

があることを、あらかじめ申し添えておきたい。

　クラメールの連関係数（→第2章で叙述したアンケート調査における属性に関する設問とクラスターとの相関）を用いた社会保障観の未来予測を行う場合、たとえば、ある属性とクラスターとの相関が非常に強ければ、当該属性に関する将来的な変化を予測して、クラスター構成比率の変化を探る、という手法が想定される。一例を挙げれば、貧困層拡大社会の進展に伴い、若年層の間に社会保障領域における国家責任の強化を求める特定クラスターが増大するのではないか、などというシナリオが推察される。第2章表2-3を用いれば、貧困層拡大の現状認識をベースに、弱者救済的価値観を支持するタイプ（クラスター4）や、福祉優先で自己世代への負担増を許容し、国家責任を重視するタイプ（クラスター5）などの増加が予想されるのではないか、ということである。

　しかし、わが国の若年層が抱く社会保障観の未来像を検証する際には、このような分析手法は適当とは言い難いようである。なぜなら、6クラスターと属性との関係をクラメールの連関係数を用いて算出した結果、ほとんど全ての属性が、社会保障観を規定する主因にはなり得てはいないことが判明したからである。実際、算出されたクラメールの連関係数（≒影響力の程度）は、どの属性においても目安となる0.250を下回っていた（第2章表2-4、表2-5）。

　もちろん、現時点においては属性の影響力が限定的でも、時間の経過とともに、一部の属性が強い規定要因に変化する可能性はある。たとえば、きょうだいの有無におけるクラメールの連関係数は、第2章表2-4にあるとおり0.096と低いが、これは、親の介護が現時点では問題になっていないため、きょうだいの有無が社会保障観に対する強い規定要因になっていないだけだと推察することも可能である。

　実際に一人っ子の場合は、介護が必要な段階になっても、兄弟姉妹間で親の介護負担を分散することができないことから、きょうだいの有無という属性は、人生のある時点から社会保障観に対する強い規定要因へと変化する可能性がある。それゆえ、当該属性の影響力増大を考慮に入れて、将

来のクラスター構成の変化を論じることも可能である。

とはいえ、そのような分析手法には、相当のタイムラグが前提となる。そうなれば、属性以外の要因が、より強い規定要因に取って代わる可能性もあるだろう。だからこそ、未来の社会保障観を推察するうえでは、過度に属性にこだわることは得策ではないといえよう。

2 判別分析から考察する「未来の社会保障観」

クラメールの連関係数を用いた未来予測には、前記のような制約が認められる。そこで、次に取り上げたいのは、判別分析を用いた予測である。

判別分析とは、個体（対象者）の特性（回答データ）から、その個体がどの群に属するかを判別する手法である。具体的には、目的変数と説明変数との関係から関係式を作成し、その関係式を用いて、①説明変数の重要度ランキング、②判別（予測）、の２つを明らかにすることが同分析の目的となる。

ただし、この場合の（前記②を用いた）社会保障観の予測というのは、未来のある時点において、社会保障観が「○○のように変化する可能性が高い」という意味での予測ではなく、重要度の高いある説明変数を選択した者は、社会保障観が「（第２章表2-3で表したところの）○○というクラスターに分類される可能性が高い」という意味での予測である。それゆえこの判別分析には、第２章で用いた因子分析やクラスター分析とは異なる手法による「現在の若年層の抱く社会保障観」への接近が可能になる、という側面がある。もちろん、多様なアプローチからこそ、より精度の高い未来予測が可能になると考えることは合理的である。

前記のとおり、判別分析を行う際には、目的変数と説明変数との関係を調べて関係式を作成するわけだが、その関係式の係数を判別係数といい、それは相関比を最大にする値である。よって、相関比の値が大きいほど、分析精度は高くなる。それゆえ、探索的な変数の削除を用いることによっ

て、第 2 章表 2-1（因子抽出時のパターン行列）にある 23 の設問全てを使用しないほうが望ましい場合が想定される。

そこで、実際の判別分析を行うにあたり、次の 2 つの作業を事前に行うこととした。それらは順に、（ⅰ）判別分析の検証（→23 問でのクラスター的中率を検証）、（ⅱ）探索的な変数の削除による検証（→相関比の低い設問を排除して、クラスター的中率が向上するか否かの検証）、である。以下では、この事前手続きの結果について叙述する。

（1）設問数 23 問でのクラスター的中率

事前検証の1つ目となる、設問数23を用いたクラスターの的中率は、表 4-1 をご覧いただきたい。表 4-1 は（第 2 章表 2-1 で記した）因子分析の対象となった 539 人の（23 問の）回答を全て用いた場合の的中率であり、同表の対角線となる網掛け部分が、その回答傾向から実際のクラスターが正しく予測された人となる。ちなみに、同表のクラスター 1 ～ 6 の順に見ると、的中率は 94.9％、90.9％、90.4％、86.2％、91.4％、92.3％であり、

表 4-1 判別分析の的中率（クラスター 1 ～ 6 の平均的中率：89.4％）

		6 クラスター						
		1	2	3	4	5	6	合計
推測結果（23 問）	1	94.9%	0.0%	5.1%	0.0%	0.0%	0.0%	100%
	2	1.8%	90.9%	0.0%	3.6%	0.0%	3.6%	100%
	3	2.2%	5.2%	90.4%	0.0%	2.2%	0.0%	100%
	4	1.4%	0.0%	4.8%	86.2%	1.9%	5.7%	100%
	5	0.0%	0.0%	2.9%	5.7%	91.4%	0.0%	100%
	6	0.0%	1.5%	0.0%	6.2%	0.0%	92.3%	100%
	全体	8.2%	10.8%	25.0%	35.1%	7.2%	13.7%	100%

資料：阿部敦『大学の学部・学科で学ぶ現役学生の福祉、社会等に関する意識調査』2016 年 6 月 1 日〜同年 7 月 10 日まで実施のアンケート調査の集計結果より。
なお、縦（1 〜 6）は判別分析により「想定されたクラスター」であり、横（1 〜 6）は、実際のクラスターである。たとえば、予想されたクラスターが1の場合で、かつ、実際にクラスター1となった割合は、一番左上にある網掛け部分の94.9％となる。

平均的中率は 89.4％ となった。

　なお、これを実数で表したのが、表 4-2 になる。たとえば、左上にある網掛けの 37 人というのは、クラスター 1 に分類されるはずだと推測された 39 人（「合計」の一番上の値）のうち 37 人が的中した、ということを意味する。以下、同じ解釈で、クラスター 2 と推測された 55 人のうち 50 人、クラスター 3 と推測された 135 人のうち 122 人、クラスター 4 と推測された 210 人のうち 181 人、クラスター 5 と推測された 35 人のうち 32 人、そして、クラスター 6 と推測された 65 人のうち 60 人が的中したことが理解される。

表 4-2　判別分析の的中人数

		6 クラスター						合計
		1	2	3	4	5	6	
推測結果 (23 問)	1	37	0	2	0	0	0	39
	2	1	50	0	2	0	2	55
	3	3	7	122	0	3	0	135
	4	3	0	10	181	4	12	210
	5	0	0	1	2	32	0	35
	6	0	1	0	4	0	60	65
	合計	44	58	135	189	39	74	539

資料：表 4-1 に同じ。

　結論として、23 の設問全てを用いた場合には、クラスター 1 の的中率（94.9％）が最も高く、クラスター 4 の的中率（86.2％）が最も低くなった。とはいえ、クラスター 4 を除けば 90％ 以上の的中率なので、予測に役立つ分析だと判断して良いであろう。

(2) 探索的な変数の削除によるクラスター的中率

　事前検証の 2 つ目となるのは、探索的な変数の削除によるクラスター的中率である。この作業を行うためには、あらかじめ 6 クラスターに対する

(第2章表2-1で掲載した)23問の相関比が必要となる。そこで、6クラスターと各設問との相関比を算出した。なお、相関比は6クラスターとの1対1の関係であり、他の設問の影響を受けてはいないことに留意されたい。そして表4-3にあるとおり、相関比の最も小さいのは〔質問22〕の0.039、次いで〔質問27〕の0.060となった。

表4-3　各質問と6クラスターとの相関比

質問番号	相関比	質問番号	相関比	質問番号	相関比
質問11	0.097	質問20	0.108	質問29	0.174
質問12	0.355	質問21	0.304	質問30	0.079
質問13	0.404	質問22	0.039	質問31	0.153
質問14	0.092	質問23	0.497	質問32	0.196
質問16	0.109	質問24	0.323	質問33	0.355
質問17	0.205	質問25	0.322	質問34	0.127
質問18	0.090	質問26	0.251	質問35	0.174
質問19	0.158	質問27	0.060		

資料：表4-1に同じ。

前記のとおり、探索的な変数の削除による分析では、相関比の低い質問を排除して的中率の向上を目指すことから、これら2つの設問に関しては、排除候補として捉えることが妥当となる。よって、この段階において、次の3つが関係式を作成するうえでの候補となった。それらは順に、(1) 全23問を用いる場合、(2) 最も相関比の低かった〔質問22〕を排除した22問を用いる場合、(3) 相関係数が最下位の〔質問22〕と、次に低かった〔質問27〕を排除した21問を用いる場合、である。そこで、これら3つの平均的中率を計算したところ、その結果は、それぞれ順に89.4％、90.0％、88.5％であった。すなわち、〔質問22〕を排除した状態における的中率が最高値であることが判明した。

(3) 分析結果の解釈

　前記を踏まえ、〔質問22〕を排除した分析結果を採用した。この場合、予測されたクラスターと実際に分類されたクラスターとが一致しなかったケースは、全体の約10％にあたる54人であった。そこで、この54人の内訳を検証することとした。

　分析の結果、54人のうち、クラスター1に分類されると推測されたものの、実際の分類先が異なったのは2人であった。以下、同様に、クラスター2では5人、クラスター3では13人、クラスター4では28人、クラスター5では2人、そしてクラスター6では4人となった。すなわち、予測と現実とが異なるケース（54人）の75.9％（41人）は、クラスター3とクラスター4で発生していることが判明した。そこで、これら2つのクラスターについて、追加の分析を行った。

　はじめに、最多の移動が生じたクラスター4（28人）についてであるが、クラスター4から1への移動は2人、同2への移動は0人、同3への移動は10人、同5への移動は4人、そして同6への移動は12人となっていた。すなわち、移動先の大半（78.6％）は、「クラスター4；貧困層拡大の現状認識をベースに、弱者救済的価値観を支持するタイプ」から「クラスター3；特段の福祉観を有していないタイプ」、もしくは「クラスター6；社会保障制度による恩恵が不十分なため、自己世代への負担増には批判的なタイプ」の2つであることが判明した。

　なお、クラスター4に次いで、予想と現実との間に相違が多かったクラスター3で同様の分析をしたところ、クラスター3と予想された13人のなかで、クラスター1への移動は3人、同2への移動は7人、同4への移動は0人、同5への移動は3人、そして同6への移動は0人となっていた。すなわち、移動先の過半数（53.8％）は、「クラスター3；特段の福祉観を有していないタイプ」から、「クラスター2；自己責任論をベースとしつつも、自己世代への負担増には否定的なタイプ」への移動であることが判明した。

以上の結果、クラスター4もしくはクラスター3に分類されるはずだと予想されたものの、他のクラスターへ移動した41人のうち、クラスター1への移動が5人、同2が7人、同3が10人、同4が0人、同5が7人、そして同6が12人となった。

　そして第2章の表2-3にもあるとおり、クラスター2は「自己責任論をベースとしつつも、自己世代への負担増には否定的なタイプ」であり、クラスター6は「社会保障制度による恩恵が不十分なため、自己世代への負担増には批判的なタイプ」であることから、自己世代に対する負担増には否定的という共通項がある。そこで、これら2つのクラスターを大枠として1つのクラスターと捉えた場合、前記41人中の約半数となる19人（46.3％）が、自己世代への負担に否定的なクラスターへ移動していることが確認された。

　これに対して、「クラスター4；貧困層拡大の現状認識をベースに、弱者救済的価値観を支持するタイプ」や、「クラスター5；福祉優先で自己世代への負担増を許容し、国家責任を重視するタイプ」への移動は、合計7人（17.0％）と限定的である。また、「クラスター3；特段の福祉感を有していないタイプ」への移動は10人（24.4％）であった。

　換言すれば、当初は「中立～弱者救済型の福祉観」に分類されるはずだと想定されていた41人中の29人（70.7％）は、「中立～自己世代負担増への批判的福祉観」へと移動している実態が判明した、ということである。当然ながら、中立の部分が重複する点には留意が必要になる。とはいえ、それでも大枠的には、弱者救済よりも自己負担増に否定的な方向に傾いていることが注目される。

　このように、判別分析の結果から理解される自己世代への負担増に抵抗を示す若年層の予測以上の増大を踏まえたならば、彼らの未来の社会保障観においても、クラスター2や6への流入は、大いにあり得ることなのではなかろうか。実際、現行の社会福祉基礎構造改革路線の政策的特徴および世代間対立論の根強い影響力を鑑みたとき、クラスター2や6のさらなる増加は、やはりあり得ることなのではないか、との認識を筆者は有して

いる。それは同時に、「クラスター4；貧困層拡大の現状認識をベースに、弱者救済的価値観を支持するタイプ」の縮小を含意するものである。

とはいえ、これらは全て推測の域を出るものではない。そうであるならば、別な手段を用いた推察も加味することが、不確定な未来を予測するうえではより望ましいと考えられる。そこで次に注目するのは、社会的公正さの指標である。

3 社会的公正さの指標から考察する「未来の社会保障観」

これまでの検証から理解されるように、クラメールの連関係数および判別分析を用いた未来予測には、いくつかの制約が認められた。そこで本節では「社会的公正さの指標」から、未来の社会保障観のありようを再考する。

はじめに、2つの先行研究を紹介する。その後、筆者の見解を叙述する。

1つ目は、「富裕層から貧困層への移転支出」と「他人に対する信頼」の相関に関するいくつかの知見（たとえば、ソーシャル・キャピタルに関する先行研究など[2]）から、「未来の社会保障観」を推察する手法である。

実は、「人は信頼に値する」と考える傾向が強い国は、富裕層から貧困層への移転支出が高い国に多いことが判明している。スウェーデン、デンマーク、ノルウェーなどの北欧諸国は、その代表格である。これに対して、他人に対する信頼度の低い国は、総じて富裕層から貧困層に対する移転支出が低い傾向にある。ペルー、フィリピン、コロンビアなどは、その代表格である。これらの国においては、通常、貧困層に属する人々は、生涯を通じて貧困層に属したままである。

それでは、こうした先行研究の知見に依拠した場合、（第1章でも叙述したように）所得再分配機能が限定的な状態で[3]、かつ全体としては新自由主義的な傾向を強めるわが国の社会保障政策が、従来同様これからも進展した場合、わが国の国民性は、最終的にどのような色合いを濃くすることになるのであろうか。そしてその傾向は、わが国の若年層が抱く未来の社

会保障観と、どのような関係になるのであろうか。

　筆者個人としては、所得再分配機能が低く、全体としては抑制傾向にあるため、貧困層拡大社会になりやすいことを意味するわが国の社会保障政策を、先の知見にあてはめたならば、他人をなかなか信頼できない、すなわち、社会そのものを信頼することが容易ではない国民性を生み出すのではないか、と危惧している。もちろん、それは公的責任を重視した社会保障制度への支持よりも、利己的な色合いの強い社会保障制度に対して親和的になりやすいことを含意する。そして、こうした私見の妥当性に関しては、近年の研究においても確認することができる。

　そこで紹介したいのが、2つ目の先行研究、たとえば片岡えみによる分析（2015）である。片岡は、他人を信頼しやすい国を「高信頼国」、信頼し難い国を「低信頼国」とし、それぞれにどのような特徴があるのかを、EU諸国を対象に分析を行っている。その際、用いられている分析視角の一つが「社会的公正さの指標」である。その具体的な中身は、次の7つである。それらは順に、①貧困防止、②平等な教育、③労働市場へのアクセス、④社会的結束と非差別、⑤医療健康、⑥世代間の公正、⑦これらの指標を総合化した社会的公正指標、である[4]。

　各指標の内容に触れた後、片岡は6つの仮説を提示している。そのなかの3番目の仮説およびその細目（計6つ）は、次のとおりである。それらは順に、「仮説3：社会的公正指標の高い国ほど、（国民間の）一般的信頼が高い」、「仮説3-1：貧困防止が達成されている国ほど、一般的信頼は高い」、「仮説3-2：教育の平等が達成されている国ほど、一般的信頼は高い」、「仮説3-3：労働市場にアクセスしやすい国ほど、一般的信頼は高い」、「仮説3-4：社会的結束度が高く、差別をなくす政策がとられている国ほど、一般的信頼は高い」、「仮説3-5：医療健康の指標が良好な国ほど、一般的信頼は高い」、そして「仮説3-6：世代間の公正さをめざす政策がとられている国ほど、一般的信頼は高い」というものである[5]。換言すれば、およそ社会保障政策が充実している国であれば、国民間における一般的な信頼感は高くなる、と解釈され得るのが、この仮説3とその細目である。

統計分析の結果、社会的公正指標の高い国ほど、一般的信頼が高いのではないか、とした先の仮説は、細目を含むそのいずれにおいても当てはまることが判明した。また重回帰分析の結果からは、前記「国の社会的公正さの水準」が、他人に対する信頼感を規定する主な要因であることが明らかにされている[6]。

　それでは、先程と同様、所得再分配機能が低いわが国の社会保障政策を前に、損得勘定的価値観が強く[7]、かつ、自己世代に対する課税には、非常に敏感な若年層の存在を考慮に入れたならば、どのような社会保障観の未来像が想定されるのであろうか。これに関して前記の判別分析では、「中立～弱者救済型の福祉観」に分類されるはずだと想定されていた41人中の29人（70.7％）が、「中立～自己世代負担増への批判的福祉観」へと移動していた。こうした結果を踏まえたならば、筆者としては、やはりわが国の未来の社会保障観は、善かれ悪しかれ従来にも増して、損得勘定的な色合いの強いものへと変容する可能性が高いのではないかと推察している。

　もっとも、こうした筆者の推測に対して、懐疑的な見解を呈することも可能である。たとえば、前出の片岡は、「一般的信頼が福祉国家への支持に対して負の効果をもつ」とする先行研究を挙げている[8]。こうした指摘は、当然ながら「福祉国家への支持」と「一般的信頼」との間に正の相関が見出せるのではないか、という1つ目の先行研究や筆者の推測に対する疑義であるように映る。とはいえ、同じ片岡の論文には、次の記述がある。なお、下線は筆者によるものである。また、直後のハイフンの部分も、筆者による補足的な挿入である。

　　上記の池田（2014）──池田裕「一般的信頼と福祉国家への支持」日本社会学会第87回大会、ポスターセッション配布資料──によれば、OECD諸国データから、高信頼者は低信頼者よりも福祉国家に対し否定的な態度をとるが、ただし失業者に対し訓練プログラムへの参加を要求するなどの積極的労働市場政策の規模が大きい国では、この負の関連性が弱まり高信頼者も福祉国家を軽視しないことを明らかにした。

[……]積極的労働市場政策をとるということは、社会的な弱者に訓練や教育の機会を与え、雇用を促進していくため、格差を縮小するという意味をもつ。マイノリティや弱者への積極的な雇用対策をとることは、失業給付や生活給付の受給者を労働者へと転換することである。豊かな者から貧しい者への所得移転という給付だけだと、豊かな階層の不満が高まると予想されるが、積極的労働市場政策を行うことで、人々の信頼が高まるということは興味深い。この結果は、ISSP（国際社会調査プログラム）の個人調査データを分析した池田（2014）の知見とも合致している。[9]

　北欧諸国の社会保障政策は、単に所得再分配機能が高いだけではなく、社会的包摂の観点から、積極的労働市場政策の色合いが強い。[10]スウェーデン、デンマーク、ノルウェーおよびオランダでは、高信頼者も「福祉国家に対し否定的な態度を取らない」ことを先の文章は示している。よって、こうした分析結果も加味すれば、前述した１つ目の研究と片岡による２つ目の研究との間には、理論的整合性があるといえよう。
　もちろん、北欧諸国の社会保障政策にも、新自由主義的側面は存在する。[11]また、先の片岡の研究は、日本ではなくEU諸国を分析対象としたものである。そうした点は誤解のないように記しておきたい。
　とはいえ、わが国においては、社会保障の逆機能を伴うほどの社会保障抑制政策が前提となっており（第１章第１節第１項参照）、そこに世代間対立論が組み込まれている。しかも、積極的労働市場政策は、他の先進諸国、とりわけ北欧諸国のそれと比較して、非常に限定的である。[12]よって、このような状況下では、損得勘定的価値観に依拠した社会保障観の広がりが想定されると考えることには、相応の論拠があるといえよう。

4 推察される「未来の社会保障観」

それでは、様々な不確定要素の存在を意識しつつも、これまでの知見をトータルに捉えたならば、わが国の若年層が抱く未来の社会保障観には、どのような特徴が想定されるのであろうか。筆者としては、次の3点を合理的に指摘できるのではないか、と考えている。

想定される1つ目は、現在の若年層の社会保障観を第2章表2-3にある6つのクラスターに分類した場合、判別分析の項目でも述べたように、やはりクラスター2やクラスター6の増加が推察されるのではないか、というものである。また、貧困層の拡大がこれまで同様に進行すれば、クラメールの連関係数に関する部分でも述べたように、タイムラグを伴いながらも、今はクラスターへの規定力が弱い属性（例：経済的属性）が、徐々にその影響力を増すことが想定される。そうなれば、自己世代に対する優先的価値観（クラスター2やクラスター6）の増大は、より高い確率を以て推察されることになろう。

想定される2つ目は、貧困層の拡大と世代間対立論のさらなる広がりは、否が応でも国民の間に「社会保障制度から、何をどれくらい得られるのか」という損得勘定的な社会保障観を広める可能性が高い、ということである。たしかに、現下の社会福祉基礎構造改革では、高齢者層への負担増は、年金給付抑制や医療費負担増の形で顕著である。しかし、そうした政策的動向を以てしても、なお社会保障制度（とりわけ、将来の年金制度）から得られる受給額の少なさを筆頭とする若年層の払い損感は、そのような認識に対する批判論を圧倒する形で増大することであろう。善かれ悪しかれ（従来の社会保障制度と比較すると）9,000万円も損をする世代だと評されるこれからの若年層にとっては、損得勘定的論調に対して敏感になるのは、致し方のないところである。そうなれば、やはりクラスター2や6の増大が想定されよう。

想定される3つ目は、現下の抑制的な社会保障政策の進展が不可避的に生み出す（公的セーフティーネットから弾き出された）貧困層の拡大を前

にしても、公的責任の強化を前提とした社会保障制度の充実が、国民的要求に繋がるとは限らない、というシナリオである。すなわち、利己的な社会保障観の広がりが想定される、ということである。

　国家予算の抑制を基礎とする財政運営が前提となっている昨今、限られたパイは取り合いになる。そこに世代間対立論が加われば、負担増に対する若年層の警戒感が増すことはあっても、それが減少する状況は想定し難い。もちろん、貧困のさらなる可視化に伴い、政策の揺り戻しは想定されよう。とはいえ、社会保障政策の充実が、消費税増税などの国民負担に直結する課税政策と一体化している状況下では、当然ながら、国民の社会保障改善運動は、一定の要求内に収斂されることになる。すなわち、わが国の政策立案者らは、社会保障改善運動が国民的な要求に発展し難くなるよう、効果的な楔を打ち込んできたわけである。

　そのような現実を鑑みたとき、社会保障改善運動への期待感は頭打ちになり、ある種の諦め観が社会を覆う可能性が想定されよう。それはまた、この程度で致し方ないとする現状追認型の社会保障観の広がりにも繋がることになる。そうなれば、やはり損得勘定的価値観で社会保障政策を捉える傾向が強くなるであろうから、前記同様、クラスター2や6が増大し、クラスター4が縮小する、というシナリオが想定される。

　このように、若年層の抱く社会保障観の未来像を想定した場合、社会保障領域における市場化を抑制し、国家責任を重視する立ち位置の論者からすれば、明るいシナリオを提示することは困難である。もちろん、彼らにとっての明るい展望を提示することも可能ではある。ただし、シミュレーションの際、どのような条件を採用するとしても、真に前向きな未来を生み出すためには、課税候補先の再検討は必須である（第1章第2節第7項参照）。より正確には、わが国の若年層に広く認められる「日本＝債務大国」という認識の妥当性に関する再検証、および（財源の有無という議論以前に）所得再分配機能が著しく弱い日本の社会保障制度における「制度それ自体に内在する改善余地の多さ」など、再検討を要する項目は少なくない（第1章参照）。[15]

換言すれば、国民の社会保障改善要求を一定の範囲内に抑制する現下の課税政策、およびそこに付随する現状追認型の主張に対して、その妥当性を問うような新しい社会保障教育を進める政策こそが、今こそ求められるのである。とはいえ、厚生労働省が主導する新しい社会保障教育では、課税のありようや前記の諸点に関して、踏み込んだ議論はなされていないのが実情である[16]。

5　損得勘定的な社会保障観の克服に向けて

　これまでの検証を通じ、わが国の若年層が抱くであろう未来の社会保障観は、今後ますます新自由主義的色合いの強いものになる可能性の高いことが推察された。それでは、仮にそのような社会保障観を肯定的に評価しない場合、どのような対策が必要となるのであろうか。

　前節の片岡による知見から推察されるように、高水準の積極的労働市場政策を伴う社会保障政策の展開は、損得勘定的な社会保障観の広がりを抑制するためには有効であることが窺える。そこで、当該政策を導入している北欧諸国の社会保障政策、とりわけその財源と所得再分配機能に注目する。そのうえで、筆者としての提言を明示したい。

　湯元と佐藤（2010）によると、北欧福祉国家の代表格であるスウェーデンでは、高所得者層のみが支払う国税所得税（累進課税）の税収は、所得税全体の8％に満たないとのことである。これを税収全体に占める割合に置き換えれば、それは3％にまで低下する。法人税の場合でも全体の7％に過ぎないという[17]。その反面、スウェーデンの租税、社会保障負担の大半は、日本的に考えれば逆進性が強い定率負担によるところが極めて大きいことに特徴がある。

　それでは、なぜ、低所得者層に対しても、かなりの負担を課す消費税などの定率負担に対して、スウェーデンでは批判的な見解が限られているのであろうか。前出の湯元と佐藤は、次の3つを指摘している。

1つ目は、貧困対策に必要になるのは、そもそも貧困層の中核となる失業者に対して雇用機会を積極的に創出する政策を実施すること、すなわち積極的労働市場政策の強化だという認識が、累進課税の強化や定率負担に伴う逆進性の理論より強いことである[18]。2つ目は、定率負担の色合いが強いスウェーデンの社会保障システムの下でも、所得の再分配がきちんと行われている、という現実である[19]。そして3つ目は、社会保険料を介して得られる各種手当や年金の額が、所得におおよそ比例したものとなっている事実である。もちろん、手当の額や加算される年金権の大きさには上限があるため、中高所得者層では負担と受益の関係が必ずしも成立するわけではない。それでも、全体としては、負担と受益の関係は顕著であるという[20]。

　このように、富裕層が一方的に貧困層を支えるという構図になっていないのが、スウェーデンの社会保障を支える税制の特徴である。また、こうした制度的特徴があればこそ、富裕層は低所得者層を支える福祉国家政策に対し、否定的な態度を取らないという状況が想定され、現に前出の片岡の研究にもあるように、そのようになっているのである。

　以上の点を鑑みたとき、わが国における未来の社会保障観を、過度な自己責任論に依拠した損得勘定的な色合いの強いものにならないようにするには、わが国と北欧諸国にみられる類似性[21]と、税制上の差異などを十分に踏まえたうえで、(1) 低所得者層に十分に配慮したうえでの課税対象の拡大、(2) わが国の社会保障制度における所得再分配機能の著しい脆弱性の改善、および (3) 積極的労働市場政策の強化、の3点が重要になるといえよう。また、そうした政策を導入することにより、わが国の若年層に幅広く浸透している世代間対立という言説は、その影響力を弱め、国家責任を重視する（第2章表2-3の）クラスター4的な社会保障観の広がりが促されることになるだろう。

6 小括

本章を通じて、3つの異なる分析手法から、若年層が抱くであろう「未来の社会保障観」について考察を行った。不確定要素の存在は排除できないものの、それでも損得勘定的な色合いの強い社会保障観の拡大は、判別分析と社会的公正さの指標を用いた分析によって合理的に推察された。それは、貧困層拡大社会の進展を前にしても、社会保障制度による恩恵が不十分なため、より利己的で、自己世代への負担増には批判的な社会保障観が、これからの若年層には広がりを見せる可能性が高いことを示唆している。[22]

なお、仮にそのような社会保障観の広がりを肯定的に評価しないのであれば、低所得者層に配慮した課税対象の拡大、所得再分配機能の改善、および積極的労働市場政策の強化が重要になることが、先行研究などから窺えた。ただし、こうした見解を支持する先行調査は、EU諸国を分析対象にしたものが多く、日本社会への適合が必ずしも保障されるわけではない。その点では、留意が必要になる。しかし、それでもなお、前記分析結果には、わが国の社会保障観の未来像を推察し、そこに内在する問題点を克服するうえでの手掛かりになり得る部分はあるといえよう。

注

1 これに関して、今回のアンケート調査における世代間対立に関する項目では「多くの高齢者は、きちんと年金を受給できているイメージがあるが、若い世代は、将来、支払った額に見合うだけの年金が受給できないように思う」という考え方について、そう思う(77.3％)、どちらともいえない(13.3％)、そう思わない(7.5％)という回答が得られた。このように若年層世代は、現行の社会保障制度において搾取されている感があり、またその多くが、高齢者は優遇されていると考えているのである。

2 たとえば、次を参照。Rafael LaPorta, Harvard University. M. アスレイナー「知識社会における信頼」西出優子（訳）宮川公男・大守隆（編）(2004)『ソーシャル・キャピタル――現代経済社会のガバナンスの基礎』東洋経済新報社。

3 榊原英資 (2011)『日本をもう一度やり直しませんか』日本経済新聞出版社、54-57、61-63頁。

4 片岡えみ（2015）「信頼社会とは何か ── グローバル化と社会的公正からみた EU 諸国の一般的信頼」『駒澤社会学研究』(47)、36 頁。
5 同上、37 頁。
6 同上、47-48 頁。
7 城繁幸・小黒一正・高橋亮平（2010）『世代間格差ってなんだ ── 若者はなぜ損をするのか？』PHP、82-84 頁。
8 片岡、前掲、35 頁。
9 同上、35、45-46 頁。
10 嶋内健（2011）「デンマークの積極的雇用政策 ── 失業保険・再就職支援」『社会政策』3（2）、社会政策学会、22-36 頁。
11 鈴木優美（2010）『デンマークの光と影 ── 福祉社会とネオリベラリズム』壱生舎。
12 宇沢弘文・内橋克人（2009）「新しい経済学は可能か（3）── 人間らしく生きるための経済学へ」『世界』(792)、47 頁。
13 権丈善一（2016）『ちょっと気になる社会保障』勁草書房、108-111 頁。
14 城・小黒・高橋、前掲、82-84 頁。
15 阿部敦（2018）『増補版　社会保障抑制下の国家・市民社会形成 ── 社会保障・社会福祉教育の展開と市民社会の弱体化』金沢電子出版株式会社、478 頁。
16 阿部敦（2018）『「新しい社会保障教育」政策と地域共生社会』関西学院大学出版会、5-77 頁。
17 湯元健治・佐藤吉宗（2010）『スウェーデン・パラドックス ── 高福祉、高競争力経済の真実』日本経済新聞出版社、213、220、228 頁。
18 同上、229 頁。
19 同上、230-232 頁。
20 同上、240 頁。
21 鈴木、前掲。
22 本章で筆者は、わが国における若年層の社会保障観には、損得勘定的な社会保障観の広がりという傾向を見出すことができるのではないか、とする見解を表明した。換言すれば、それは若年層における高福祉高負担論に対する支持率の減少に繋がる可能性が高い、ということである。実際、こうした見解と類似する指摘は、最新の研究成果からも確認することができる。

　たとえば、武川ら（2018）は、20 歳未満と 80 歳以上のデータを除外したうえで「高福祉高負担論の支持率は 2000 年代を通じて上昇の傾向にあったが、2010 年に入ってから反転し、2015 年には 2000 年と同水準にまで下がった」と述べている。これは、2000 年、2005 年、2010 年、2015 年に実施された反復横断全国調査のデータを基に、年齢と性別によるウエイト調整を行った末に導かれた結論である。このように、筆者が指摘する若年層における損得勘定的な社会保障観の広がりという傾向は、他の研究結果とも整合性があるように推察される。

　しかし、武川らの同研究によれば、高負担高福祉論支持者の特徴として、「従来は年齢が上がるほど高負担高福祉論を支持しやすいという傾向」が認められたものの、その傾向は「2015 年にはなくなり、年齢による支持の差が見られなくなっている」という。そしてこの点を、「世代間の連帯／対立」という観点を意識することから、「とくに重要なことは年齢による支持の相違が見られなくなったことである」と、武川らは強調している。

さらに、2015年時点の調査でも、20歳代の高負担高福祉論支持者が56.1％になっていることを踏まえ、「若者の福祉支持離れが進んでいるとの見方は必ずしも支持されない」とも指摘している。換言すれば、こうした指摘には、損得勘定的な社会保障観の広がりという筆者の考える現状認識や未来予想に対する疑義が見出せる。

　もちろん、武川らの調査とは調査対象や質問項目が異なるため、筆者としても安易な主張はできない。ただし、武川らが明らかにした「高福祉高負担論への支持率減少」が「年齢による（高負担高福祉論）支持率の格差の解消」とワンセットになる形で認められるのであれば、それは「世代を超えた福祉重視の機運」を高める可能性を秘めているともいえなくはない。筆者としては、損得勘定的な社会保障観の広がりを危惧しつつも、武川らの見解から合理的に導き出される前記の可能性に強く期待したい。次を参照。武川正吾・角能・小川和孝・米澤旦（2018）「高福祉高負担論への支持動向の反転──2010年代の変化に注目して」『社会政策』10（2）、社会政策学会、129-141頁。

第5章

社会福祉系教員に対する
インタビュー調査

本章の目的

　ここまでに、わが国の若年層が抱く現在の社会保障観の実態への接近を試みた（第2～3章）。その後、彼ら彼女らが抱くであろう未来の社会保障観は、損得勘定的な色合いが強くなる可能性が推察された（第4章）。なお、紙幅の関係上、本論では叙述しなかったが、これからの若年層に対して採用される可能性が高い厚生労働省が主導している新しい社会保障教育政策の特徴を鑑みたとき、前記の未来像には相応の妥当性があることが合理的に推認された。本章では、こうした知見をベースに、筆者が福祉領域に明るい識者らに対して行ったインタビューの要旨を掲載する。

　インタビューの目的は、前章までに導かれた社会保障観の現状とその未来像について、それが含意するところを識者らに問うことである。また、その含意を踏まえて、これからの社会保障教育および福祉系教員に求められるものは何か、という点について、識者らの考えを明らかにすることも目的となる。それは、新しい社会保障教育政策に対する識者らの評価であるとともに、結果として彼ら彼女らの抱く社会保障観を問う作業でもある。

1 インタビュー調査の概要

　インタビュー調査記録を掲載するにあたり、あらかじめ以下の点を申し添えておく。

　はじめに、識者の選定についてである。本来であれば、福祉国家論を支持する論者から、新自由主義的な社会保障観を支持する識者まで、多様な主義主張を踏まえた人選を行うことが望ましいと考える。とはいえ、筆者の問題意識――特に若年層の抱く社会保障観と、それに伴う前述した「新しい社会保障教育」政策の重要性――に対して強い関心を有している識者でなければ、こうしたインタビュー調査への協力をお願いすることは困難である。

　そこで、筆者の問題意識をよく知る3人の大学教員に対してインタビュー調査を依頼し、幸いにして各先生から快諾を得ることができた。とはいえ、先にも記したように、これらの先生が必ずしも多数派の福祉系教員の見解とはいえない可能性はある。この点は、あらかじめ明記しておきたい。

　次に、インタビュー内容についてである。筆者はインタビューに先立ち、アンケート調査の分析結果を送付したうえで、インタビュー時の共通テーマを設定し、これも各識者に事前通知した。その共通テーマは、(1)分析結果のなかで印象に残ったこと、(2)実体験からみた分析結果に対する見解、(3)これからの社会保障教育に必要となるもの、(4)これからの福祉系教員に求められるもの、である。また、共通テーマ以外の事案に関しては、自由闊達に論じてもらうスタイルを採用した。

　インタビュー調査の実施時期は、2018年3月25日～同年5月30日までであり、インタビューの時間は、一人あたり1～2時間を目安とした。また、以降で掲載するインタビューの記述は、ICレコーダーの録音データから聞き取った識者らの談話を、その主旨に影響を与えない範囲で、できるだけ端的に記載したものである。

　質問項目に対する各識者の反応には、当然ながら個人差がある。そこで後掲するインタビューでは、各識者が重要視していた質問項目を中心に叙

述し、それ以外の設問に関しては、必要に応じて、回答の要旨のみ記載するスタイルを採用した。また、第1章で叙述した内容と重複する部分があっても、特に重要になると考えられたコメントに関しては、あえてそれを残すこととした。それらのうえで、発言内容に関係する知見等に関しては、脚注で参考文献を明記した。

なお、以降のインタビューの発言内容に関しては、読者がその内容を確認しやすいように —— 発言者の意図を変えない範囲で —— 同質の見解が認められる先行研究等を脚注で紹介し、当該文献にみられる類似の表現等も援用している。この点、予め申し添えておく。

2 横山壽一先生へのインタビュー

インタビューの1人目となる横山壽一教授は、長らく金沢大学で教授として勤務され、定年を目前に控えた2016年4月に佛教大学社会福祉学部に異動された。公益財団法人 日本医療総合研究所の研修委員会委員長としても活躍されている。専門は社会保障政策。主要著書（単著）として『社会保障の再構築 —— 市場化から共同化へ』（新日本出版社；2009年）がある[2]。

なお、本節および次節では、ゴチック部分は筆者（阿部）のコメントであり、明朝体の部分は、各識者のコメントになる。

（1）分析結果のなかで印象に残ったこと

―― 横山先生、この度は、インタビュー調査にご協力いただき、ありがとうございます。それでは早速ですが、今回のアンケート分析結果のなかで印象に残ったことなどありましたら、ご教示いただければと思います。

そうですね、過去20年余りの社会福祉基礎構造改革路線が生み出してきた国民意識は、社会保障・社会福祉における権利性の弱体化と、それに

代わる自助・互助論を前提とした社会保障観になるかと思います。そして今回のアンケート調査結果を見せてもらって、自己責任論への親和性を改めて確認した気がします。それが積極的なものであれ、消極的なものであれ、もしくは無意識のものであったとしてもです。

そもそも、国の見解に依拠すれば、今や社会保険は公助でもなく共助という位置づけです。それくらい、公的責任としての公助の占める割合は縮小してきました。もっとも、公助という言い方それ自体、「公が助ける」という考え方ですから、憲法からみても誤っていますが。国民意識も、それに伴い変化してきたように思います。とはいえ、国が主張する「社会保険＝共助論」は、社会保障として社会保険が位置づけられていることを理解せず、もっぱら社会保険の保険の側面に目を奪われて、「社会的扶養」「権利保障」の側面を見落とした謬論でしかありませんが。

しかも、公助として残っている生活保護に関していえば、同制度内における生活扶助費は、2018年10月から3年かけて段階的に削減されることが既定路線になっています。その総額は、国費で160億円の減少と見込まれています。また母子加算も月平均21,000円が平均17,000円に減額される予定です。

こうした政策を導入することで、受給者の約67％の世帯に、マイナスの影響が想定されています。しかも、生活保護の捕捉率が2割にも満たないといわれる日本では、生活保護に該当する水準にありながら、保護を受給していない（できていない）人もひっくるめて計算してしまう現行の水準均衡方式を採用すれば、保護基準は何度でも引き下げることが（少なくとも理論上は）可能になっています。その意味では、まったく均衡じゃないんです。

このように、貧困ラインを規定する計算方法のいい加減さ、そして、そこから生み出される貧困のさらなる拡大化という、たった2つの事案を以てしても、社会的要因が貧困を生み出しているのは明らかな事実です。しかし、メディアの報道姿勢や国の情報発信力もあり、社会的責任論よりも、自己責任論の浸透のほうが遥かに強い。だからこそ、社会によって弱

い立場に置かれた人が、さらに弱い立場に置かれた人を叩くという構図も、世の中には頻繁にみられるわけです。そんなわけですから、若年層の抱く社会保障観に、自己責任論が思いのほか強く出ていたとしても、それは理解の範疇ですね。

　――　なるほど。そうなると、先生がこれまでに奉職された大学での教育経験を振り返ったとき、社会構造による人為的な貧困の広がりであったとしても、それを自己責任論として捉える論調に取り込まれている学生が多数派だった、という心証があるということなんでしょうか？

　たしかに、現在の若年層は、自己責任論に対して親和性はあると考えます。とはいえ、彼らの価値観が、自己責任論一色というわけではありません。社会保障に対する意識の表れ方は、実のところ、かなり複雑だと思います。
　たとえば、「頑張れば、人並みの生活ができる」と考える若年層は、今もそれなりにいるでしょう。しかし「頑張っても、人並みの生活すら困難な人」だって、頻繁に目にするのも現実です。福祉の現場に限らず、様々な現場に出れば、「頑張っていれば、いずれなんとか」という、それまでの考えも揺らぎますよ。
　そのため、「どんなに頑張っても、ディーセントな生活すら維持できない社会システムなのかな」と解釈する若年層も出てくることでしょう。そうかと思えば、「頑張っているつもりなのに、まだ努力が足らないのかな」と、さらなる自己責任論に傾倒する若年層も出てくるはずです。
　そうなれば、自己の努力不足という認識によって、さらに強化される自己責任論と、それに付随する無力感や虚脱感が社会に広がることでしょう。奨学金を借りたものの、その返済に追われてまともに勉学すらできず、アルバイトに支配されたような学生生活に対して憤りを感じるなど、若年層が直面している現実は、かなり過酷なものです。奨学金破産などという言葉が一般化する状況ですから、その過酷さは、容易に想像できるでしょう。

このように、若年層が抱く社会保障観を形成する諸要因を考えれば、やはりその表れ方である彼らの抱く社会保障観の特徴も、複雑なものになるでしょう。自己責任論を強調する風潮がある一方で、一体どこまでが自己責任なのか、という個々人の葛藤もあることでしょう。若年層は、その狭間で立ち尽くしている、という状況ではないかと思います。だからこそ、彼らの社会保障観は揺らいでいて当然だと思います。

―― たしかに、今回の調査では、若年層が抱く社会保障観は6つのクラスターに分類されましたが、自己責任論に親和的な社会保障観が飛び抜けて多数派を占めていたわけでもありませんでした。その意味でも、社会保障観の表れ方は単純なものにはならない、といえますね。では、その「単純ではない」側面について、もう少し補足していただけませんでしょうか？

そうですね。少し話が脇に逸れるかもしれませんが、まずは今回の調査結果に関連して「世代間における認識の断絶（≒格差）」について触れてみたいと思います。そのうえで、社会保障観の表れ方は単純ではないということについて、私見を述べたいと思います。

まず、私のような60歳代からすれば、自民党は保守政党であり、共産党は革新政党という位置づけになります。これはもう、私の世代では自然な解釈だと思います。ところが、最近、あるデータを見て驚いたのですが、少なくない若年層の認識は、自民党は革新政党であり、共産党は保守政党だ、という印象を抱いているというのです。

具体的には、読売新聞社と早稲田大学現代政治経済研究所が2017年7月〜同年8月にかけて共同で行った調査なのですが、それによると、40歳以下は自民党をリベラルだと捉える傾向が強く、共産党を保守的だと捉える傾向にあることを明らかにしています。しかも、若い世代になるほど、自民党はリベラルだという評価が強い。

これに対して50歳以上は、それこそ私自身がそうであるように、自民は保守で共産はリベラルという認識が強くなっています。つまりこの調査に

関していえば、50歳代というのが意識の断層になっているわけです。

それでは、何が原因でそのような評価の断絶が生じるのでしょうか？要因は複合的ですから、ここでは一例を挙げて単純化してお話ししますが、たとえば、憲法について取り上げれば、共産党は憲法は改正しない（変更しない）という頑なな立場だから保守になり、自民はその逆だから革新的という評価です。これは同じ現実を前にしても、事案次第では、中〜高齢層と若年層との間には、双方が驚くほど認識や評価に乖離がある、ということを意味します。それは年金制度に起因する世代間対立論より、ある意味、もっと大きな世代間ギャップかもしれません。

先ほど、社会保障に対する意識の表れ方は、実のところ、かなり複雑だと思うと話しましたが、こうした認識の世代間格差、いや、格差というよりも、落差というべきなのかもしれませんが……。いずれにしても、この事例一つをとっても、その複雑さの一端が見出せるのではないかと思います。だからこそ、事案次第では、異なる世代が向き合うと想像もしなかったほどの意識や評価の乖離が、両者間に存在する可能性がある。その大前提を自覚的に意識することが、これからの社会保障をとりまく議論を、世代を超えて進めるうえでは、大切になる気がしますね。

また、それゆえというべきなのでしょう。特に福祉を主専攻とする学生には、専門性を高めつつも、その専門領域をとりまく現状を、より客観視する学び方、換言すれば、専門領域の理解を真に深めるための学際的な視野が、今まで以上に重要になってきているように思えます。この点は、これからの社会保障教育に必要となるものという観点から、論じることができるかと思います。

(2) これからの社会保障教育に必要となるもの

——事案次第では、世代間の認識のズレはかなりのものだということですね。そして、それが社会保障・社会福祉に関連する事案であれば、その領域を主たる専門とする若年層に、世代間の意識の溝を埋める建設的な役割を

担うことが期待されるという意図が、先生のお話のなかには含まれているように思えます。それでは、こうした点も含め、先生が先ほどコメントされた「これからの社会保障教育に必要となるもの」について、少しお話しいただけますでしょうか？

　たとえば、阿部君から（今回のインタビューを受けるにあたり）事前に送付してもらった資料の一つに、福祉系大学生と福祉系専門学校生の抱く社会保障観には、実質的な差異は見出すことができなかった、というのがありましたよね（本論第3章参照）。これを切り口に、これからの社会保障教育に必要となるものについて、具体的に論じてみたいと思います。
　まず、この分析結果に関しては、自身の教員としての経験から考えて、当然の結果だと思いました。まさに、想定の範囲内です。
　社会福祉士などの国家資格が導入されたことで、大学も専門学校も資格教育という意味では、カリキュラムは内容的にほぼ統一されているわけです。また、福祉という学問の特性上、技術論と並行して、ケースワーク、グループワーク、事例研究などは、教育機関の差異を問わず、重要な学習項目になります。もちろん、社会福祉を学ぶうえで、技術論やケースワークなどは極めて重要ですから、そうした学びそれ自体を否定するものではまったくありません。この点は、誤解のないように念押ししておきます。
　とはいえ、福祉教育全体が、国家資格と連動したことに伴って、重要な内容であっても国家試験に出題されるわけではない事案の比重は、著しく軽くなったように思います。その象徴になるのは、政策評価に関する部分です。なにしろ、「この政策は、どの部分が良くて、どの部分は要改善だ」などという設問は、国家試験ではあり得ませんから。試験対策として求められるのは、制度を運用するうえでの正確な理解であり、政策評価ではありません。
　その結果、現場における福祉や医療の程度（水準）を規定している国の制度、政策、もっといえば、その制度や政策を生み出し、支えることになる政治や経済、財源などの社会科学的知見に対する理解の不足が、特に教

員側にそうした問題意識が十分でなければ、それが受講生にも反映されることになります。当然、そうした状況が常態化すれば、受講生らは、たとえば、国や経済界による安易な理論誘導にすら、なすがままに流されてしまう可能性が高くなるのではないでしょうか？

　私としては、そのような認識を有するがゆえに、福祉を主専攻とする学生に対しては、①専門領域の知識と並行して、政治経済への関心を高める必要性があること、②安易な理論誘導に惑わされないよう、複数のデータにあたる癖を学生時代に身に付けること、③同じく安易な理論誘導に惑わされないよう、優しい言葉にこそ、その含意を考え抜く癖をつけること、の３つができるようになって欲しいと考えています。それが、これからの社会保障・社会福祉教育に対して、教員側はもちろん、学生の側からも自覚的に意識すべきことのように思えます。

　―― 社会科学的知見に対する理解が不足していては、国や経済界による安易な理論誘導にすら、なすがままに流されてしまう可能性があるのではないか。そうならないようにするために、教員側はもちろん、学生側も自覚的に意識すべきことがある、ということですね。是非、その３点について詳しくお話しください。

　時間の制約もありますので、それぞれ端的に話しますが、まずは１つ目の「政治経済への関心を高める必要性があること」からお話ししましょう。

　近年の安倍「社会保障改革」の基本的枠組みとして、社会保障改革プログラム法（2012年）と、経済・財政一体改革（実施期間は2016〜2020年）の２つから考察することができます。特に「経済・財政一体改革」では、経済再生関連の検討項目として70近くの項目が挙げられていますが、そのうちの44項目を占めているのが社会保障歳出改革であり、さらにその３分の２が医療と介護に関する内容となっています。こうしてみると、社会保障・社会福祉は、経済政策に従属的な位置づけとされていることはもちろんですが、その方向性は歳出改革である以上、社会保障抑制政

策であり、そのターゲットは医療・介護だということが理解できます。

　社会保障や社会福祉が、経済政策の従属的扱いを受けていることそれ自体を、そもそもどう考えるべきなのか？　また、こうした経済の観点を意識しないと、「超高齢社会→社会保障費激増→財政破綻の危機→増税やむなし」という理論展開は、本当に妥当性があるのだろうか……などという疑問を抱くことすらないのかもしれません。要するに、技術論やケースワークなど、現場で役立つ福祉知識にのみ目が向けられていては、先のような根本的な問いの存在すら気にすることなく、目に見える現場を「現実の大半」として解釈する学びに留まる危険性がある、ということです。

　言い換えれば、その現場の現実（水準）を規定している制度・政策の本丸である経済・財政政策に無関心な社会福祉従事者であっては、最近の地域共生社会論などによって、いいように振り回されてしまうでしょう。そうなれば、本当に望ましいソーシャルアクションを考える機会すら喪失することにもなりかねないと思います。似たような感覚は、最近、注目を集めている Social Impact Bond（SIB）を前にしても抱きますね。

　——社会問題解決型の SIB のことですね？　初めて聞く人も少なくないと思いますので、補足していただけると有り難いです。

　SIB とは、近年、OECD 諸国で注目を集めている官民連携のプロジェクトファイナンス手法の一形態です。SIB では民間資金を活用することで、革新的な社会課題解決型の事業を実施し、その事業成果、つまり社会的コストの効率部分を支払いの原資とします。もともと、2010 年にイギリスで始まりましたが、ここ数年、先進諸国を中心に広がりを見せています。

　日本以外の国では、主に再犯防止、就労支援、児童養護、ホームレス自立支援、低所得家庭の幼児教育などの分野で、社会課題解決型の事業として SIB が展開されています。これに対して日本では、神戸市と八王子市で事業が着手されていますが、いずれも医療分野という点が特徴的です。糖尿病患者の重症化予防に三菱などの大手企業が資金を提供して取り組み、

それで削減できた費用を企業に還元するというものです。

　SIBにおける事業成果とは、主に将来の行政負担の軽減を中心とする社会コストの効率化を指すものですから、一見すると素晴らしい活動のように映るかもしれません。しかし、医療という社会保障領域の課題に対して、投資家が投機の場（＝利潤の場）とする観点からみれば、単純にSIBを称賛することには留意が必要でしょう。というのも、少なくとも日本におけるSIBの動きは、「それじゃあ、医療などの社会保障分野の課題は、市場ベースでやってくれ」という国の社会保障観と整合性があるからです。

　先にも述べたとおり、安倍「社会保障改革」では、社会保障政策は経済・財政政策に従属した位置づけになっています。そして安倍首相は、2017年12月4日の参議院本会議で、「自治体がソーシャル・インパクト・ボンドを活用できるよう政府としても整備を進める」と答弁しています。こうした現状を鑑みたとき、やはり日本におけるSIBには注視せざるを得ないでしょう。要するに、こと日本におけるSIBに関しては、いわゆる社会的投資というよりも、社会保障領域の市場化・営利化政策の一翼を担う営利活動としての評価が妥当だということです。

　前置きが長くなりましたが、こうした事例をみても分かるように、福祉を主専攻とする学生であればこそ、実は、経済の動きには敏感にならざるを得ないのです。繰り返しになりますが、福祉政策が経済政策に取り込まれているからです。

　福祉の現場を「現実として見る」ことの重要性は、論を俟ちません。そのうえで、その現実を生み出した（規定要因としての）政治経済へと関心を広げる。この点は、ケースワークや事例研究に傾倒している現場上がりの福祉教員が多数派を占める福祉系教育機関においては、教員の側にとっても、重要な含意があるように思っています。

　――自戒の念を込めてですが、横山先生は、少なくない福祉系教員が、今後、特に問われる可能性のある課題に触れられているような気がします。私が先生のコメントを理解する限り、教員側に社会科学的視座が弱いと、国

や経済界の安易な論調にすら振り回されてしまい、福祉現場の水準を規定する本質を見極めることが困難になるのではないか。その状態でのソーシャルアクションでは、的確なポイントをついたアクションになるのか疑問だ、ということを指摘されているように思います。非常に重要な点だと思いますので、もう少し補足していただけませんでしょうか？

　それは（先に述べた）２つ目の「安易な理論誘導に惑わされないよう、複数のデータにあたることを意識的に行うこと」に直結する内容ですね。これに関しては、近年、国が提唱している全世代型社会保障を切り口に考えてみましょう。
　政府の社会保障国民会議が全世代型社会保障への転換を打ち出したのは2010年です。その後の主な報告書では、「社会保障制度改革国民会議報告書」（2013年８月）において、「全世代型の『21世紀（2025年）日本モデル』の制度へ改革」で「全世代型」という表現が用いられています。でも、少し冷静になって考えてみれば、そもそも社会保障は全世代型であるべきです。とはいえ、全世代型というと聞こえは良いですね。そう、全世代型と言われれば、なかなか否定しにくいのです。
　ただし、こうした見解には、その前提として「社会保障制度は高齢者にとって、あまりに有利になっている」という高齢者優遇論が、その基底に流れているわけです。実際、今回の調査でも、「現行の社会保障制度は、高齢者に著しく有利な制度体系になっていると思うか」に対する「そう思う」、「まあ、そう思う」という若年層の回答は、高かったですよね（表5-1を参照）[5]。また、先に述べた「国民会議報告書」でも、高齢者への給付が行き過ぎであるかのように描いている部分があります。それゆえ、高齢者の給付を抑制することが、全世代型社会保障への途であるかのような筆致です。
　では、このような状況下において、「現行の社会保障制度は高齢者を優遇し過ぎている」という見解を支持することが少なくないわが国の若年層が「社会保障制度は、全世代型であるべきだ」という主張に触れたなら、彼ら彼女らは、どのように反応するでしょうか？　おそらく、その多く

は、「それはそうだ。だからこそ、優遇されている高齢者向け福祉サービスは抑制されても致し方ない。そして抑制した分、これまで軽視されてきた若年層向けのサービスを拡充させるべきだ」という見解に至るのではないでしょうか。換言すれば、若年層が闘うべき相手は高齢者層になる、ということです。でも、若年層が本当に闘うべき相手は、高齢者層なのでしょうか。

表 5-1　社会支出と対象世代に関する認識

国の社会支出は高齢者向けが多く、若年層向けは限定的だ	人数（人）	割合（％）
そう思う	141	24.0
まあ、そう思う	227	38.7
どちらともいえない	157	26.7
あまりそう思わない	48	8.2
まったくそう思わない	5	0.9
無回答	9	1.5
合計	587	100.0

資料：阿部敦『大学の学部・学科で学ぶ現役学生の福祉、社会等に関する意識調査』
2016年6月1日〜同年7月10日まで実施のアンケート調査の集計結果より。
注：ここでは、実際の質問文を簡略化して表記している。

　そもそも、超高齢社会である日本では、社会保障予算に占める高齢者向け予算が多くなることは当然のことです。その一方、国は子どもの貧困率は算定していますが、高齢者の貧困率に関しては「貯金などがある」ことを論拠の一つに、しばらく前まで調査は限定的でした。そうした姿勢も多少は影響したのかも知れませんね。最近では、子どもの貧困に関する報道が増大しています。
　しかし、世代間の認識の溝を良い意味で埋めて欲しい福祉系学生には、次のように考えて欲しいのです。つまり、「ちょっと待てよ。子どもの貧困率が高いのは理解しているけど、それなら高齢者層の貧困率って、具体的にどの程度なのだろうか？」と。そして、その疑問が浮かんだ時、少し

ばかりの時間を割いて、ネットリテラシーの重要性を踏まえつつインターネットを有効活用すれば、イメージとは異なる現実を認識することでしょう。というのは、わが国の高齢層の貧困率は、2割を超えているからです。

　高齢者の貧困に関しては、後藤道夫先生（都留文科大学名誉教授）[6]や、唐鎌直義先生（立命館大学）の研究が参考になると思います。また、民間団体による本格的な調査により、高齢障害者をとりまく深刻な貧困状況も確認されています[7]。高齢化に伴い、高齢障害者が多くなっているため、高齢者をターゲットにした優遇調は、必然的に多くの障害者をターゲットにした論調にもなるわけです。とはいえ、高齢者が優遇されていると強く批判する若年層は、実は障害者のかなりの部分を占める高齢障害者を批判しているという認識は、あまりないようにも思えます。

　いずれにしても、研究者や関連団体による研究の蓄積もあり、高齢者や高齢障害者をとりまく実態が可視化されてきました。補足しますと、貧困高齢者を生み出している要因の一つに、相当数の無年金者の存在、具体的には、男女共に65歳以上人口の2.4％、76万人（2013年）を指摘することもできます[8]。もちろん、低年金という問題も無視できない規模です。だからこそ、先にも話したとおり、高齢層の2割以上が貧困に陥っているわけです。

　子どもをとりまく貧困は深刻な水準になっている。これは事実です。でも、「だから優遇されている高齢者の予算を、もしくは（高齢層が多い）障害者の予算を、子どもや若年層に振り向けるべきだ」という主張には、安易な理論誘導に惑わされている側面があるのではないでしょうか。若年層と高齢者層が対立することで利を得るのは誰なのか？

　複数のデータにあたることを意識的に行うこと、データの発信源に留意すること。そうしたことができるだけの心のゆとりを持てるよう、学生時代から、複数の異なる情報源にあたりながら学ぶ癖を身に付けて欲しいと思います。なぜなら、そうすることで、真にソーシャルアクションをすべき対象も、その手法も、より具体的に見出せるのではないか、と思うからです。

―― たしかに複数の情報源から学ぶ癖を身に付けると、多数の情報に触れる過程で、「これは事実の一面を強調したに過ぎない主張だな」とか、引用されているデータの矛盾点などにも敏感になりますよね。しかし、先生、データそのものに問題はない場合でも、気をつけるべき点は存在するのではないでしょうか？

　それは間違いなくあります。先ほど、近年の社会保障改革の基本的枠組みとして、社会保障改革プログラム法と、経済・財政一体改革の２つから考察することができます、とお話ししましたよね。この枠組みのなかで、データに関していえば、都道府県による医療・介護のコントロールを促す手段の一つとして、国はレセプト情報・特定健診等情報データベース（NDB）、国保データベース（KDB）、介護保険総合データベース（介護保険レセプトデータの統合）などを活用することで、医療の地域差、介護の地域差、地域包括ケアの「見える化」を促進しようとしています。
　私は、このデータやデータ分析に関して、それ自体が問題だとまでは考えていません。しかしそのデータを、どのように活用するのかという点では、大きな問題をはらんでいると考えています。というのは、こうしたデータは「医療費抑制のために、人々が医療を受けられなくする、少なくとも、受けにくくする方向で使用される可能性が高い」と考えられるからなのです。その一例になるのは、医療費の地域差半減という方針ですね。
　地域差については、医療費が一番高い所と一番低い所とでは、年齢構成が違いますから、それを補正したうえでの比較が行われます。つまり、補正後でも差異があるのなら、原因があるはずだから（医療費が高いエリアは）見直しをせよ、というのが国の論法です。しかし医療費の水準は、年齢構成以外の影響も、相当程度、考えられます。そうした点を、十分考慮に入れることなく、医療費の地域差半減を求めるとするのなら、考えものですよね。データ至上主義といいますか、データを基に各自治体に（医療費抑制に向けた）見直しを迫るというやり方で使用されるのであれば、やはり問題です。

とはいえ、データ以上に、また、データの用いられ方以上に、ある意味、誘導的で手の込んだものがあります。それは、優しい言葉で語られる言説です。

　——それが、先生が３つ目のポイントになると指摘された「安易な理論誘導に惑わされないよう、『優しい言葉』にこそ、その含意を考え抜く癖をつけること」になるわけですね。

　そうですね。この点に関しては、日本型福祉社会論の再現といえるような、最近、国が頻繁に用いている地域共生社会と、そこから派生する言説に象徴されますね。私としては、この誰もが反論しにくいニュアンスを含んだ言葉である地域共生社会をベースにした言説には、大きく４つの問題があると考えています。
　第１は、地域課題の解決の責任を地域住民に求めることの誤り。第２に、「共生社会」を「助け合い」や「つながり」として理解することの誤り。第３に、地域課題を「我が事」として捉えることを、法律で定めて規定することの誤り。そして第４に、縦割りや制度の狭間を根拠に、「丸ごと」への転換を唱えていることの誤りです。
　本来であれば、これら一つひとつについて詳述すべきでしょうが、時間の関係もありますし、何より多くの識者が地域共生社会に対する批判を展開しておられますので、今回はそのなかの１つだけに特化して説明しましょう。そうですね、個人的に一番憤りを感じるのは、３つ目の「地域課題を『我が事』として捉えることを、法律で定めて規定することの誤り」に対してですね。ここで、そのことを新たに規定した社会福祉法第４条２を確認しましょう。

社会福祉法：平成二十九年六月二日公布
　　　　　　（平成二十九年法律第五十二号）改正

（地域福祉の推進）
第四条
［……］
2　地域住民等は、地域福祉の推進に当たつては、福祉サービスを必要とする地域住民及びその世帯が抱える福祉、介護、介護予防（要介護状態若しくは要支援状態となることの予防又は要介護状態若しくは要支援状態の軽減若しくは悪化の防止をいう。）、保健医療、住まい、就労及び教育に関する課題、福祉サービスを必要とする地域住民の地域社会からの孤立その他の福祉サービスを必要とする地域住民が日常生活を営み、あらゆる分野の活動に参加する機会が確保される上での各般の課題（以下「地域生活課題」という。）を把握し、地域生活課題の解決に資する支援を行う関係機関（以下「支援関係機関」という。）との連携等によりその解決を図るよう特に留意するものとする。

　この２項の部分ですが、私個人としては、これは常軌を逸した法律だと考えています。というのは、地域住民が地域課題とどう関わるかは、それぞれの主体的な判断と対応によるものであり、それを国が法律で定めて、あたかも義務のように規定するのは、どう考えても誤りだからです。というのは、それでは共生社会ではなく、強制社会になってしまうからです。
　そもそも共生社会とは、多様な存在を相互に認め合い、それぞれが尊厳ある暮らしを保障される社会です。そして、それぞれの尊厳ある暮らしを保障するのは、助け合いやつながりではなく、社会の責任、具体的には社会福祉をはじめとする社会制度であり、その責任は国と自治体にあります。
　つまり、住民に求められるのは、違いを認め合う意識、多様性を尊重する意識であり、そのことを具体的に保障するための社会的条件を整えるよう自治体に求めるソーシャルアクションなのです。「助け合い」や「つなが

り」だけに共生を求めるのは、古い共同体的な理解であり、個人の尊厳とは対立するものです。

　もちろん、住民が自発的に集まり、地域課題に共同で取り組むよう、お互いに働きかけて、意識を高め合ってゆく取り組みは重要です。とはいえ、それはあくまで自発的な行為として、それぞれの自主性を尊重すべきです。国により、あたかもそれが義務であるかのように法律で規定されるようなものではありません。

　結局のところ、安倍「社会保障改革」によって、いわゆる川下の改革（第１章第２節第５項を参照のこと）が低水準で固定化されることによる反動（大量の介護・医療難民の発生）が想定されるからこそ、その緩衝材として、地域社会の助け合い活動やそうした精神の強化を、半ば強要するような先の法律をつくったわけです。

　このような状況ですから、地域共生社会などの優しい言葉を起点にした理論展開が生み出すアウトプットに対しては、より一層、敏感になって欲しいと思います。人は優しい言葉を起点にした理論展開を前にすると、往々にして思考停止状態になりがちだからです。

(3) 国民的課題を逆手にとる理論誘導

　——たしかに「安易な理論誘導に惑わされないよう、『優しい言葉』にこそ、その含意を考え抜く癖をつけること」は重要になりますね。こうしたケースは相当数みられるとは思いますが、もし先生をして補足しておきたいと考えられるその他の事例などがあれば、この際、ご教示いただけると有り難いです。

　そうですね、ご指摘のとおり優しい言葉に付随する落とし穴という意味では、類似のケースはいくらでも指摘できますが、最近の例で気を付けなくてはならないと考えているのは、「骨太の改革2017」(9-10頁)に書かれている教育無償化に関することだと思います。この点について少し補足さ

せてもらうと、そこには、次のような文章が書かれています（注：下線は筆者によるものである）。

経済財政運営と改革の基本方針2017について
（平成29年6月9日閣議決定）

(2) 人材投資・教育
① 人材投資の抜本強化
世代を超えた貧困の連鎖を断ち切り、子供たちの誰もが、家庭の経済事情にかかわらず、未来に希望を持ち、それぞれの夢に向かって頑張ることができる社会を創る。また、誰もが生きがいを持ってその能力を存分に発揮できる一億総活躍社会を実現する。その際、教育が果たすべき役割は極めて大きい。［……］その第一歩として、幼児教育・保育の早期無償化や待機児童の解消に向け、財政の効率化、税、<u>新たな社会保険方式の活用</u>を含め、安定的な財源確保の進め方を検討し、年内に結論を得、高等教育を含め、社会全体で人材投資を抜本強化するための改革の在り方についても早急に検討を進める。

② 教育の質の向上等
［……］教育へのアクセス向上のため、幼児教育について財源を確保しながら段階的無償化を進めるとともに、高等教育について、進学を確実に後押しする観点から、新たに導入した給付型奨学金制度及び所得連動返還型奨学金制度の円滑かつ着実な実施、無利子奨学金や授業料減免等、必要な負担軽減策を財源を確保しながら進める。

教育の無償化というのは、聞こえが良いですよね。しかし、事はそう簡単には終わりません。先の文章でポイントになるのは、「その第一歩として、幼児教育・保育の早期無償化や待機児童の解消に向け、財政の効率化、税、<u>新たな社会保険方式の活用</u>を含め、安定的な財源確保の進め方を

検討し」の部分です。というのも、ここでは明示されていませんが、これは自民党内で検討されている子ども保険を念頭に置いた提起であることは間違いないからです。要するに、教育が国民的課題であることを国民自身が深く認識しているがゆえに、その状況を逆手にとって、国民に新たな保険料拠出という形で負担を転嫁するプランが検討されている、ということです。

　もちろん、十分な公的資金を教育につぎ込んだ末のさらなる充実のために、国民に教育分野に特化した保険料の拠出を求めるというのであれば、まだ理解の範疇です。しかし、広く知られるように、日本は国が教育に投入する予算（対GDP比）は、先進諸国のなかでも最低水準です。実際、経済協力開発機構（OECD）の調査によると、2014年の加盟各国の国内総生産（GDP）に占める小学校から大学までに相当する教育機関への公的支出の割合は、日本は3.2％で、比較可能な34か国中、情けないことに最下位になっています。この調査を担当したシュライヒャーOECD教育・スキル局長は「日本の私費負担は重い。家庭の経済状態による格差をなくすためにも、一層の公的支出が必要だ」と指摘しているそうですが、私もまったく同意です。

　つまり、社会保障の逆機能を生じさせるほど、コストパフォーマンスが劣悪な現行政策を維持しながら、国民に対しては、社会保障分野のみならず教育分野においても、さらなる自己負担を求めるというのが、先の骨太方針から透けて見える教育無償化の本質なのです。

　また、奨学金破産も問題となっている状況下において、そのような新たな負担を課しながら、安倍改革が主張する一億総活躍社会とか働き方改革という言説がどうやって（建設的な意味で）繋がるのか？　そういう視点も大切になりますよね。公平な課税政策を実施すれば、ちゃんと財源が確保できるのが日本の現実であるにもかかわらず、教育の無償化が重要だという国民的課題を逆手にとるような理論誘導には、本当に腹立たしい思いがします。もちろん、同じような手法は、福祉分野においても等しくみられるわけですが。

(4) アンケート調査結果について

―― いろいろなお話を聞かせていただき、ありがとうございました。それでは、ここまでのコメントも踏まえてですが、改めて今回のアンケート調査結果について、どのように感じられましたでしょうか？

　いくつか思うところはありましたが、印象に残ったこととして、特に次の2つを挙げておきたいと思います。

　1つ目は、大雑把にいえば、3つの異なる福祉観が全体の約85％を占め、かつ、それらが似たような比率で並存するという状況が見出された、ということですね（第2章小括参照）。たしかに、これは「揺らぎのなかにある社会保障観の反映」とでも解釈可能な分析結果だと思います。

　2つ目は、若年層が抱く未来の社会保障観が、損得勘定的な色合いが強い社会保障観になるだろう、という予測に関してです。たしかに、未来のことは不確定ですし、政策次第の部分はありますから、何とも言い難い面はあります。回答者のかなりの割合が、社会福祉系学部・学科で学んでいるという特性もありますからね。とはいえ、これまでの教育経験からして、今回の調査から導き出された未来像は、相当程度の確率で当たる気がします。また、回答者の相当数を占める福祉を専門領域とする学生をして「このような状況」であったわけですから、非福祉領域の学生の社会保障観がより一層利己的であったとしても、何らの違和感もありません。

　この20年余り、社会保障・社会福祉領域は、市場化の色合いを濃くしてきました。現状、市場化政策は成長戦略という位置づけで捉えられていますが、市場が成長すればするほど、社会保障分野の公的責任の縮小に利用されることになります。その意味で、成長戦略と社会保障改革は二面作戦というか、相互に促進し合う関係になっているのが現状です。実際、今年度（2018年度）から始まった国民健康保険の都道府県による管理運営と、それに付随する国の政策である保険者努力支援制度が生み出す医療費抑制政策を鑑みたとき、公的責任の縮小と市場化の促進は、これからさらに加

速されることでしょう。

　このように社会保障が社会保障でなくなる状況下において、技術論と並んでケースワーク、グループワーク、事例研究などに傾倒することの多い福祉教育は、今後どうあるべきなのか、改めて考えさせられます。ただし、誤解のないように繰り返しておきますが、これは既存の福祉教育の否定でも批判でもありません。ケースワークも事例研究も非常に重要です。また、教員側の教え方次第では、その事象を生み出した構造性にも注目することができます。

　ただ、そうした問題意識や課題設定を教授する側が、限られた時間のなかでどう対処するか。そうした点が、鋭く問われているのは事実だと思います。そのような思いを、調査結果を通じて抱きました。

　――横山先生、長時間にわたり、本当にありがとうございました。

3　山田千枝子先生へのインタビュー

　インタビューの2人目となる山田千枝子氏は、長年にわたる保育の現場経験を経て、神戸女子大学健康福祉学部に常勤講師として5年余り勤務された。その後、学校法人山添学園　幼保連携型認定こども園の園長に就任。並行して、同志社女子大学非常勤講師として幼児・児童系科目を担当されている。児童教育と大学教育の双方に並行的に関与する数少ない存在である（2018年現在）。

　前出の横山壽一教授が高等教育機関における純粋なアカデミシャンであるなら、山田氏はより現場に近い教員ということになる。また、単に現場経験者というだけでなく、立場上、経営者側の観点も意識しているという点において、より多角的な観点からのインタビューが可能になると考えた。そうした前出の横山教授との専門の違いが、インタビュー内容に幅を持たせると思い、今回の調査結果へのコメントをお願いした。

(1) 分析結果のなかで印象に残ったこと

―― 山田先生、ご無沙汰しておりました。早速ですが、分析結果で印象に残ったことなどありましたら、お話しいただければと思います。

　私のなかで印象に残ったのは、福祉系学科で学んでいる学生からの回答が多いアンケート調査であれば、もっと北欧的な社会保障観を支持すると考えていたのに、クラスター分析から明らかになった現実の社会保障観は、必ずしも北欧支持ではなかった、という点ですね。しかも、福祉系学科で学んでも、非福祉系学科で学んでも、学生たちが抱く社会保障観の構成比率に顕著な差がないということですよね。こうした分析結果を突きつけられると、「専門的に社会福祉を学ぶ意義とは何？」となるわけで、複雑な思いがします。でも、福祉系学科で福祉をとりまく厳しい状況を理解したからこそ、非福祉的価値観を認めざるを得ない、というのが（こうした結果の）背景にあるのなら、それが福祉系学科で学んだ学習効果になるんでしょうかね……。なんとも皮肉ですが。

(2) 実体験からみた分析結果に対する見解

―― 最初から「それが学習効果になるのか」というお話が出ましたが、私自身、思うところは多々あります。ただ、どうなんでしょう、こうした分析結果に対して、山田先生は、長年の現場と教育経験から、違和感などは抱かれませんでしたでしょうか？　そうした点も含め、何かしらお話しいただければと思います。

　はじめに明言しなくてはなりませんが、私自身が勤務する幼稚園のことをベースにお話をすることはできません。なぜなら、そこにプライバシーの問題が出てくるからです。とはいえ、これまでの経験および気心の知れた友人らが勤務する幼稚園や保育園の実態を踏まえてのお話なら可能で

す。よって、このインタビューでは、他の幼稚園や保育園のことなどをベースにして、私なりの見解を交えつつお話しするスタイルにしたいと思います。

まず、質問に対する直接の回答になるわけではありませんが、これまでの経験を通じて、親の貧困化に伴う子どもの貧困化を強く実感しています。その一方、大手私立大学付属の小学校では、年間授業料一つをとっても、国公立大学の授業料を大幅に超えているのが実情です。そう思うと、阿部さんの分析結果に対する感想は、親の社会的立場によって随分と変わるような気がします。

富裕層の方からすれば、適正料金を支払って、質の高い教育や福祉サービスを購入しているだけだ、と思われるのかもしれません。つまり、民間保険のような損得勘定的な社会保障観の広がりは、不思議でもなんでもないと思われるのかもしれません。でも、反対側からみれば……。たしかに、どのような選択肢を選ぶかは人次第。他人がとやかくいえることではありません。でも、最初からその選択肢がほとんどない子どもたちの親からすれば、やはり今回の分析結果は複雑でしょうね。

(3) これからの社会保障教育に必要となるもの

―― 佛教大学の横山壽一先生からは、アンケート調査結果なども踏まえたうえで、これからの社会保障教育に必要になるであろういくつかのポイントを列挙していただいた経緯があります。山田先生は、現場経験なども含め、何かしら思うところはありますでしょうか？

厚生労働省が主導している「新しい社会保障教育」政策が、結果として現行制度容認論に傾倒している側面がある、という阿部さんの分析結果を踏まえれば、そうした教育がこの子たちの将来にどんな影響を及ぼすのか。正直、不安に思うところがあります。現行制度では、お金次第という面がかなり強いと考えておりますので、貧困だから仕方ないよねという価

値観が、いろいろな言葉を散りばめても、結果として是認されるようであれば、子どもは将来に希望を抱くことが難しくなってしまうでしょう。

　国としては、社会保障制度の持続可能性を高める観点から、ある特定の範囲内におさまる社会保障観を支持する将来世代を作りたい、という思いがあるのかもしれません。しかし、子どもの貧困を目にする私としては、国家責任を重視した相応の社会保障制度の展開が必要だと考えています。とはいえ、それは国家に対する責任の丸投げを意味するものではありません。国家責任の重視には、子どもたちに相互扶助の大切さを気付かせることの必要性も含まれていると考えています。

　子どもたちは、教えられるだけの主体ではありません。一定の手順を踏んで、かつ、1年くらいの時間を掛ければ、児童レベルでも「どういう社会保障だと良いのか」という能動的な問いに直結する気づきの種を身に付けることができると考えています。そして、そうした気づきの種を持てるように促す教育こそが、私たちの職場レベルでできる福祉教育になるのだろうと思います。前置きが長くなるかもしれませんが、順次、説明しましょう。

　子どもは敏感ですから、子どものなかでも、ある種の格差は敏感に感じています。たとえば、貧困家庭のお子さんが、薄汚れた服を着ていたり、お風呂にあまり入っていないのか、臭いがしたり……。そういう状況が続くと、気付けば（ある子は）他の子どもとの交流が少ない、といった状況が出てきます。現実問題、こういうケースは散見されます。

　そのような状況下で、仮に「なぜ、あの子はいつもああなんだろう？」という問いが子どもたちの心のなかに出てくれば、口にはしないだけで、「あの子が臭くて汚いのは、あの子のお父さんの仕事が良くないからだろう」、「あそこはお母さんだけで、お父さんがいないからだろう」などと考える可能性は高いと思います。つまり、先のような意味づけを大人が子どもに対して行えば、納得できる子どもは多いだろう、ということです。

　でも、だからといって、貧困は家族や個人の責任ではなく、社会構造によって人為的に生み出される側面が強い、という現実を学ばせようと考

え、いきなり子どもたちを貧困地区に連れていくのはナンセンスでしょう。そんなことをすれば、あまりの現実に仰天するだけでなく、「貧困→怖い環境→（そこにいる子ども＝）怖い子」という負の連鎖を植え付けられてしまうでしょうから。とはいえ、恵まれないアジアやアフリカの子のために、少し募金活動をしましょう、といえば喜んで行動するのも、また同じ子どもなのです。

　要するに、他者を思いやる共感の心はあるのです。ただ、遠い国のリアリティーがない状況の相手であれば、「貧困→怖い環境→（そこにいる子ども＝）怖い子」という負の連鎖にはならない。だから純粋に行動できる。けれど、程度の違いはあれ、実は同じようなリアリティーは、教室内に、また教室から少し離れた地域社会にもあるわけです。

　では、こうしたある種の矛盾を前に、私たちはどうすれば良いのでしょうか？　おそらく大切になるのは、子どもたちの自発的な会話を重視しつつ、そこに介在する教職員の教育力、指導力だと思います。

　たとえば、自然発生的に分かれたグループのなかでも、ここは……というグループを手始めに、特定の子を想定させるのではなく、一般論として「生活が大変なお友達がいるとしますね」という話をするとしましょう。その過程では、先のような「きっと、その子のお父さんは（お母さんは）」という意見も出てくることでしょう。私としては、そうした発言それ自体は否定されることではないと考えています。子どもは純粋な分、ある意味において、悪意なく残酷でもあるからです。

　ただ、そうした意見が出てきた後に、子どもたちが気付いていない物事の見方を提供することが大変重要になるのです。具体的には、「その子が大変なのは、お父さんが病気になっているからかもしれないよね」、「お父さんが病気になったり、事故でケガをして働けなくなったりすることは、みんなのお父さんにも起こり得ることだよね」、「となると、今のお話に出てきた生活が大変なお友達のことは、実は、みんなにも起こり得ることだよね」、「それじゃあ、どうすれば心配しないで暮らしてゆけるのかな？」という感じで、子どもたちの意見を引き出しつつ、しかし貧困は特別なも

のではなく、誰の身にも起こり得るものなのだ……と、ぼんやりとでも意識させることが大切だと思うのです。そうすれば、自分の家族にも貧困が生じる可能性があるんだと考えることで、相互扶助の大切さに気付いたり、困難な状況にある他者に対する思いやりの気持ちが芽生えることもあるでしょう。

　もちろん、すぐに意識が変わらない可能性もあるわけです。大人であれ、子どもであれ、人間はそう単純なものではありませんから。でも、小さい頃から、たとえば「病気は人を選ばないから、どの家庭にも貧困は起こり得る」といった現実とその含意を、将来、より深く理解するための気づきの種を身に付けさせることは可能です。また、気づきの種を増やすことが、その後の人間発達の土台となる、本当に重要な要素だと思うのです。

　繰り返しになりますが、気づきの種を身に付けるように促す教育には、子どもの気持ちをある程度引き出したうえでの、新たな視点の提供が重要です。そこで、1年くらいのタイムスパンを目途に学習目標を設定して、最終的には同じ教室内でのグループの壁を（良い意味で）引き下げていくことが、一つのゴールとして設定されます。そして、そのような気づきの種を育む教育を促すことが、国が上から「〇〇であるべき」と課すような社会保障教育や社会保障観に（良い意味で）異議申し立てができる人材を生み出すことに繋がるんだと思います。

　昨今、幼児教育は盛んです。英語、算数、理科、社会など、本当に受験対策は幼稚園レベルから始まっています。しかも、そういった早期教育は、多くの保護者の支持を集めています。現実社会は競争社会ですから、致し方ないのかもしれません。でも、受験対策の早期化は、気づきの種の育成と一体化しているわけではないのです。そうした点を冷静に見つめることで、これからの幼児・児童教育や福祉教育に何が求められるのかが、見えてくるように思えます。

(4) これからの福祉系教員に求められるもの

―― 子ども目線を意識される山田先生ならではのコメントだな、との思いを強く抱きました。それでは、これまでのお話と重複する部分もあろうかとは思いますが、アンケート結果なども踏まえ、これからの福祉系教員に求められるものについて、ご意見があればお聞かせいただきたいと思います。

　これからの教員に求められるものは、先程から繰り返し述べている気づきの種を育むことができる話術、学力、リーダーシップだろうと思います。でも、優秀な先生になる可能性を秘めた若手の先生は、賃金の低さもありますが、4～5年もすると、仕事それ自体がルーティンに感じることから、やる気を失いがちです。そこに、仕事としての定着率の低さがあるように思えます。

　しかし、この現実は、若手の先生に問題があるという意味ではありません。実際には、子どもたちの成長を常に実感できるような学習計画や育成方針などをきちんと示すべき管理者側の責任が大きいのです。

　私は、早期受験教育としての幼児教育を全面否定はしません。しかし、それが「今、子どもたちになすべき最優先事項か？」という問いも重要です。そうした問題意識を職員らと共有する管理者であること、言い換えれば、そのような問題意識のある管理者がいる組織であれば、これからの教員に求められる姿もはっきりするように思えます。

　また、そうした考えの延長ですが、私は自らの園での先生方の学外学習を積極的に奨励しています。金銭補助も含めてです。他の園では、各先生が有給休暇も使わず、休日に自腹で勉強会に参加するというケースもあるようですが、管理者がそのような風潮を是認していては、優秀な先生を育てることには限界が生じるでしょう。その意味で、一番謙虚に学ぶべきは、案外、管理者側なのだと思う訳です。

　ただ、そうはいっても、管理者側にも限界はあるのです。それは、国からの補助の少なさに起因するものです。つまり、国からの補助の少なさ

が、低賃金重労働の保育現場を生み出し、その結果、優秀な保育士の職場定着を妨げている、という現実があることも指摘しなくてはいけないでしょうね。

保育労働の低賃金を生み出す要因は、複数あるかと思いますが、そのなかでも大きな影響を与えるものとして、国が定める保育所の職員配置基準があります。清水俊朗先生（全国福祉保育労働組合）が指摘されていたことですが、全国保育協議会の調査によると、全国の加盟保育所では、国の配置基準どおりの保育士（人数）を雇用することはなく、平均で国基準の約1.8倍の保育士を配置しているのが実情だそうです[13]。というのも、そうしないと、到底、現場が回らないからです。

要するに、国の基準はあまりに低すぎて、現実レベルでの最低水準にも届いていないのです。そうなれば、限られた助成金を多くの頭数で割ることになりますから、1人当たりの人件費は、当然ながら減少します。また、それに伴い、保育士の非正規労働化も進みます。

しかも、新設された企業主導型保育事業に至っては、受入れ児童数や年齢に制限がないにもかかわらず、保育士の配置基準や施設整備は、小規模保育所のB型基準となっています。その結果、詰め込み保育が可能となり、挙句、保育士の半数は無資格者でも可能になるという水準です[14]。待機児童対策として強い期待をされている企業主導型保育事業がこの調子では、国の待機児童対策の水準は、容易に理解されます。

そんなわけですから、保育分野での優秀な人材の定着は難しいのが実情だと考えています。つまり、保育を含むこれからの福祉系教員に求められるものを語るうえでも、その前提条件として、国による財政補助の充実は不可避だと考えています。

(5) 国の政策に求めること

――本当に、重い現実ですね。そういえば、村田隆史先生（青森県立保健大学講師）が、「現在の日本の労働市場は有効求人倍率の上昇による『人手不

足』、労働環境の悪化による『働き続けられない』、社会保障制度が機能していないことによる『働き続けなくてはいけない』が入り混じった状況にある」[15]と評しておられましたが、山田先生のコメントをお聞きすると、保育や児童福祉に関連する業界は、まさに、労働環境の悪化による「働き続けられない」の典型例になるのでしょうね。

　わが国の若年層の抱く社会保障観を切り口に、いろいろ語っていただきましたが、これから福祉分野で働く若年層のためにも、先生なりに国に対して求めたいことを、少し補足していただけませんか？

　先ほど、保育所の職員配置基準のことをお話したこともありますので、改めてその点について触れておきたいのですが、やはり国には、保育分野に対して本質的な意味での規模的・質的充実をお願いしたいと思います。

　しばらく前になりますが、国が（都道府県を介して）保育園に対する手厚い独自基準を設けている市町村に、その基準を下げるように促す仕組みを導入することが報道されました[16]。現場にいる身としては、このような政策は考え直してもらいたいものです。というのも、先ほど話しましたように、国の水準があまりに現実離れして低いため、結果として多くの自治体が独自基準を設けているのが実情だからです。元々が低水準だからこその（各自治体の）反動なわけでして、その努力が水泡に帰するような誘導政策はいかがなものかと思います。

　なお、これに関連して、経済協力開発機構（OECD）が、幼稚園教諭や保育士らを対象にした国際調査の結果を、2019年秋頃に公表するとのことです[17]。国際比較をすることで、日本の立ち位置が分かるだけでなく、日本の保育が抱える問題点も、今まで以上に可視化されると思います。その意味では、今後、公表されるアンケート調査結果を現場の私たちも精読し、最新の具体的なデータを活用することで、保育業界全体として、国に対して政策改善を促すことができればと思っています。

　あとは、日々の現場経験もありますので、現在進行形の課題に関係することになりますが、子どもの食生活に関することが気になりますね。子ど

も食堂が全国で2,300カ所近くまで広がった、との報道を目にしました[18]。こうした活動それ自体は、本当に素晴らしいことですし、類似するフードバンクやセカンドハーベストのようなNPO活動にも頭が下がります。しかし理想をいえば、そもそも子ども食堂が無用となるような社会が良いわけです。

　貧困層の家庭問題は、たとえば、子ども食堂に任せればよい。これが国の提唱する「我が事・丸ごと」地域共生社会だと言われると、それはちょっとね……。阿部さんが横山先生に対して行った過日のインタビューのなかで、横山先生は社会保障の逆機能のことを指摘されたそうですが、所得再分配機能も含め、たしかにこの国の社会保障制度には是正すべき点が多々あります。だから、まずはきちんと国家責任を果たして欲しい。

　今回の若年層が抱く社会保障観に関するアンケート調査結果と比較すれば、私はオールドタイプの社会保障観を支持しているのかもしれません。でも、現場を見ていると、やはり公的責任を問わずにはいられませんね。

　そうそう、NPO活動ということで少しだけ補足すれば、最近の報道で、NPO法人が運営する障害者向けの就労支援が収益事業扱いとされ、税が過去にさかのぼって徴収される可能性が出てきたと聞きました[19]。課税に対する考え方は様々だとは思いますが、国税庁の解釈一つで、急に課税対象とされた方は困惑しますよ。まして、もともと財政的に潤沢ではない障害者向けの就労支援なんですから。同じ内容の事業をしても、社会福祉法人だと非課税のところもあるそうですが、この調子では、いずれ社会福祉法人での支援活動も課税の対象になるのではないでしょうか。そういう対民間活動という意味でも、それを促進する方向で、国は公的責任を果たして欲しいと思います。

(6) その他の見解

　――それでは、最後になりますが、何かしら補足されたいことがあれば、コメントをいただければと思います。

まずは、今回のインタビュー調査にも関係することですが、国が中学や高校で社会保障の重要性を生徒らに意識させるという方針は尊重したいと思います。ただ、やはりその中身は気になりますよね。国の財政、人口高齢化、人口減少など、ネガティブな面を見れば、先は明るくない。でも、AIなどの進展は、そうしたネガティブな要素を補って余りあるプラスの成果を生み出す可能性もある。要するに未来は不確定なわけです。

そうであるなら、自己責任を重視する社会保障観を否定はしませんが、結果として、それが現実的には唯一の選択肢であるかのように仕向ける教育は避けるべきだと思います。言い換えれば、研究者の先生方には、私のような教育者が安心して「こんな代替案もあるよ」と職員や子どもたちに提示できるような建設的な施策を提示して欲しいと思います。また、そこにこそ研究者の役割があるように思えるわけです。ただ、いずれにしても、このまま行けば損得勘定的な社会保障観が広がる可能性が高い、という分析結果に関しては、正直なところ、違和感はありませんね。

── 山田先生、今日は長時間にわたり、ありがとうございました。

4　カウンターバランスとしてのインタビューについて

ここまでに、横山壽一先生と山田千枝子先生へのインタビューを掲載した。そして次節で紹介する3人目の教員は、前記2名の教員と比較すると、必ずしも見解が異なるというわけではないが、立ち位置が異なる教員になる。

その教員は、福祉分野に明るいという意味では、前記2名の教員と同じである。ただし、当該教員が所属する学科の教育方針という点では、明らかに異なる面がある。具体的には、当該学科では社会福祉士に代表される国家資格の合格を最優先課題としており、事実、全国でもトップクラスの合格率を誇っている。横山先生が抑制的な表現に留めてはいたものの、資

格偏重教育に内在する危険性を指摘していたわけだが、正にその資格偏重教育を行っている学科であるといえる。そのため、脱資格教育の重要性や過度な資格教育に内在する危険性を口にし難い（場合によっては、意識し難い）境遇の教員であるといえよう。

とはいえ、そうした学科に所属する教員であればこそ、既述の教員らによる主張に対する異議申し立てなどができると想定される。そこで、これまでの内容に対する建設的なカウンターバランスとして、当該教員へのインタビューを掲載することとした。

なお、インタビュー時の条件は、従前と同じである。ただし、カウンターバランスとして位置づけるインタビューという観点を重視することから、前出のインタビュー内容と重複する主旨のコメントに関しては、その一部を除き、基本的には省略することとした。

5　山元志歩先生へのインタビュー

インタビューの3人目となる山元志歩先生の見解を掲載するにあたり、あらかじめ明記すべきことがある。それは、同先生の要望により、先生の氏名を仮名にしている点である。この点も含め、論旨の展開上、前節で触れた内容もあるが、筆者が同先生にインタビューを依頼した3つの理由を簡潔に叙述する。

理由の1つ目は、年齢に関することである。従前の横山、山田先生が60歳代のベテラン教員であるのに対して、山元先生はインタビューの実施時点（2018年5月末）で、筆者と同じく40歳代であった。このため、中堅世代の専門家の見解にアクセスできると考えられたことが、インタビューを依頼した理由の一つである。

理由の2つ目は、資格の多様性と現場経験である。具体的な資格名称を明記することは、個人の特定につながりかねないため、あえて曖昧な表現に留めざるを得ないが、山元先生は、福祉分野はもとより、医療分野の国

家資格も取得されていて、実際に医療現場での就労経験もあることから、福祉のみならず、医療分野への造詣も深い。このため、山元先生からは分野横断的な見解が期待できると考えた。

　理由の3つ目は、山元先生が社会福祉士を含む福祉系の国家資格では、全国有数の合格率を誇る大学で教鞭をとられていることである。このため、過度の資格偏重教育がもたらす福祉教育への弊害という見解に対して、国家試験合格率の観点からすれば大いなる成功を収めている大学の現職教員が、どのように考えているのかを聞くことができると考え、インタビューを依頼した。

　なお、山元先生が匿名を希望された背景には、ご自身の見解が「部分的とはいえ、所属大学の教育方針の否定に捉えられる可能性を排除できない」と考えられたことにある。つまり、実名では自由に見解を述べることが難しいという理由から、本インタビューの内容を活字化するにあたっては、匿名を条件とされた経緯がある。それゆえ、筆者としてはその要望に従うこととし、仮名による掲載とした。

(1) 分析結果のなかで印象に残ったこと

　——山元先生、この度は、インタビュー調査にご協力いただき、ありがとうございます。それでは早速ですが、今回のアンケート分析結果のなかで印象に残ったことなどありましたら、ご教示いただければと思います。

　このインタビューを受けるにあたり、すでに実施された横山先生、山田先生の見解を、参考までに聞かせていただきました。個人的には、両先生方の見解に対しては、その少なくない部分で賛同できるかと思います。たとえば、若年層が抱くであろう未来の社会保障観が、現在よりも損得勘定的な色合いが強くなるであろうという推察に関しては、私も両先生と同意になります。よって、私としては、共通テーマがあることは理解しておりますが、あまりに重複する内容のコメントは控えたいと思います。

その前提になりますが、私としては、高齢者優遇論に対する若年層の親和性が、思った以上に強いのかもしれない……という印象を抱きました。換言すれば、それだけ年金制度の世代間対立にみられるような言説が広く流布しているのかな、という思いを改めて強くした次第です。もっとも、こうした現状認識（高齢者優遇論）には、イメージ先行という部分も多いわけですが。

　そうですね、このイメージ先行という文脈で思い出すのは、上昌広先生（東京大学医科学研究所特任教授）が書かれた『日本の医療格差は9倍──医師不足の真実』（2015）という著書の内容です。[20]上先生によると、日本で医師が最も不足しているのは意外にも関東地方であり、逆に多いのは四国、中国、九州などの西日本とのことです。

　関東のなかでも、東京の医師数の多さは別格です。しかし、隣接する埼玉、千葉、神奈川などは、求められる水準よりもかなり低位です。東京一極集中が指摘されることから、東京を中心とする人口密集地帯の関東で医師数が少ないという事実は、多くの国民には意外に映ることでしょう。

　この一例からもお分かりいただけますように、医療や福祉をとりまく現実は、その少なくない部分で、メディアなどの偏狭報道もあり、事実の一部、もしくは特定部分だけを誇張したものが多々見受けられます。生活保護の不正受給に関するイメージと、実際の不正受給率との乖離なども同じですが、[21]やはり医療や福祉に関して、国民の間にある種の強い思い込みが広くみられる気がしますね。

　前置きが長くなりましたが、高齢者優遇論への親和性から推察される若年層の抱く現実社会に対する心象と、どう向き合うべきか。ここら辺は難しいところです。それまで抱いていた心象という強固な現状認識を、「それは事実の一面を強調した、かなり歪んだ全体理解に過ぎませんよ」と伝えなくてはならないわけですから。それは、一部の学生にとっては、面白くない見解になるかもしれませんからね。

(2) 国の資格政策に対する見解

——福祉や医療の現状に対するある種のイメージの浸透は、かなり深いようですね。ただ、現場経験がなければ、イメージで補うしかないので、それが（事実の一側面だけを強調した）偏った現状理解であったとしても、「実態はこうなんだ」と納得してしまうところは、程度の差こそあれ、誰にでも当てはまることだと思います。だからこそ、現場経験が重要になるわけですよね。この点に関しては、また後ほど質問させていただきますが、いずれにしても山元先生は、福祉現場と医療現場の双方に造詣が深い稀有な先生です。やはり先生のキャリアからすると、関連領域の資格を複数取得することに積極的な意義を認められますか？

　これに関しては、少々、言葉を選びますね。資格教育にあまりに偏重し過ぎると、教員側に相応の配慮がない限り、「政策評価の部分が手薄になる危険性がある」という横山先生のご指摘はその通りだと思います。それゆえ、過度な資格優先教育によって学生が失う可能性のあるものを、どう補ってゆくべきか……と問う姿勢は重要になると思います。さらに、そうした見解を表明したうえで、現在進行中の国家資格（取得）の弾力化政策に関しては、批判的にならざるを得ない面があります。
　現在、厚生労働省は、医療・福祉のニーズが増える今後に備えて、複数の資格取得を促すような制度改正を検討しています。たとえば、厚生労働省「我が事・丸ごと」地域共生社会実現本部が公表した「地域共生社会」の実現に向けて（当面の改革工程：平成29年2月7日）では、「4. 専門人材の機能強化・最大活用」の部分を中心に、次のような文章が認められます。

　「多様なキャリアパスの構築等を通じて人材の有効活用を図る観点から、保健医療福祉の各資格を通じた基礎的な知識や素養を身につけた専門人材を養成していくことが必要である」
　「保健医療福祉の専門人材について、対人支援を行う専門資格を通じ

た新たな共通基礎課程の創設を検討する。平成29年度に共通基礎課程の検討に着手し、各専門課程の検討を経て、平成33年度を目処に新たな共通基礎課程の実施を目指す」

「共通基礎課程創設までの間の当面の措置として、今年度中に、福祉系国家資格を持つ者への保育士養成課程・試験科目の一部免除などの運用改善を検討する」

　要するに、複数の資格取得にかかる履修期間を短縮するために、資格間の共通科目を設置するという方針です。たしかに、福祉も医療も対人援助活動である以上、対象者は違っても、共通して押さえておくべき教育内容はあると考えています。また、資格取得の複線化路線は、その政策の中身次第では、専門性を深める方向にも機能し得るといえます。しかし、現行の複線化政策は、低賃金重労働の保育現場で職員の定着率が悪く、結果、人手不足だから、関連領域の福祉系コースの学生にも保育系資格を取得させやすくすることで、人材不足の緩和にいくらかでも繋げよう……という国の意図が透けて見えます。

　もちろん、そうした考え方であっても、現状では致し方ないと是認する人もいるわけですが、本来であれば、保育にやりがいと誇りを持って働く人材が、職場に定着できるだけの労働条件に改善することが、第一に求められるばずです。もちろん、同じことは福祉職にも当てはまります。しかし、そうした待遇改善の部分をなおざりにして、待遇はそれほど変わらないけれど、（社会福祉士などの他の福祉系国家資格でも）資格を取りやすくして、保育分野の人材確保を図ろうというのであれば、それこそ保育分野の専門家である（前出の）山田先生のコメントに通じるものが出てきます。

　複数の資格取得に向けた弾力化政策を通じて、より複眼的なものの見方を養い、また、他資格の人たちと建設的なチームワークを促進するという明確な目標を設定するのであれば、資格の複線化路線には意味があります。とはいえ、それ以前に対処すべきこと（待遇改善）をしない状況下での複線化路線であれば、横山先生が指摘されたような、過度な資格教育が生

み出す弊害は、さらにそのマイナス面が増幅されることになると思います。

　たとえば、安易な資格取得の弾力化政策に、安倍政権の「医療介護一体改革」に伴う（いわゆる）川上と川下の改革のエンドプロダクトも意識すれば、その政策が生み出す深刻度への認識も深まることでしょう。なにしろ、先のような安易な資格の複線化路線が定着すれば、（第1章第2節第5項でも指摘したように）川下部分には、より深刻な問題を抱えるクライアントが多くを占めるであろうにもかかわらず、それに対処する人材は「それほどの専門知識を有する有資格者になるとは限らない」という危険性も生じることになるからです。こうしたことを考えると、横山先生が指摘されるように、国家試験に出題されることはなくても、学生には経済や財政政策などを含めた公共政策にも注視し続けて欲しいとは思いますが、それと同時に、安易な気持ちで複数の資格取得を狙うことには、大きな落とし穴があるかもしれない、という気持ちを持てるだけの心のゆとりも持って欲しいな、とは思いますね。

　このように、私自身が異なる分野における複数の有資格者ではありますが、私としては資格取得弾力化政策に関しては、少々、批判的になる面があります。とはいえ、資格の複線化によってもたらされると期待できる多角的な視座の体得は重要だと思います。その意味では、阿部先生が批判的に検証されている地域共生社会ではありますが、そのなかの縦割りサービスの是正部分に関しては、肯定的に評価できる部分もなくはないのです。とはいっても、これとて両面がありますので、断定的なことはいえないわけですが。

(3) 分野横断型の政策に内在する落とし穴

　——縦割りサービスの是正という意味では、おそらく新たに設置が決まった共生型サービスのことを指摘されているのだと思います。先生をして二面性があるということですが、少し補足していただけますでしょうか？

社会福祉従事者にとっては、共生型サービスの創出に関しては、いろいろな見解があろうかとは思いますし、現にそうなっています。しかし、福祉領域に特に明るくない国民にとっては、単純に「共生型サービス」という言葉からは、肯定的な印象しか受けないのではないでしょうか。その意味では、良いイメージを与えるネーミングではありますね。

今、目の前に厚生労働省〔社保審－介護給付費分科会 第142回（平成29年7月5日）〕の資料4として「共生型サービス」という書類があります。そこには「介護保険優先原則の下では、障害者が65歳になって介護保険の被保険者となった際に、使い慣れた障害福祉サービス事業所を利用できなくなるケースがあり、平成27年12月に社会保障審議会障害者部会から見直すべきとの意見が出されていた」とあります。そこで、厚生労働省「我が事・丸ごと」地域共生社会実現本部において、「制度の縦割りを超えて柔軟に必要な支援を確保することが容易になるよう、事業・報酬の体系を見直す」、「本年の介護保険制度の見直しにおいて、介護保険に『共生型サービス』を創設する」という話になり、現にそうなったわけですよね。要するに、介護保険または障害福祉のいずれかの指定を受けている事業所が、もう一方の制度における指定も受けやすくなるようにする、ということです。

もちろん、ここまで述べた限りでは、それなりに良い改革のように思えなくもないでしょう。しかし、少し冷静になって考えると、決して手放しで喜べるような政策ではないことも分かります。

まずは、共生型サービスで解決しているものは何か、という点です。たしかに同サービスによって、65歳を境としてサービスを受ける事業者の変更をしなくても済むようになったわけですから、その意味で、障害者の方にとっての負担は軽減されています。とはいえ、共生型サービスの導入により、高齢障害者の経済的負担が改善されるわけではありません（注：64歳までの障害者は障害者総合支援法により、低額負担である程度の福祉サービスを利用できるが、65歳を過ぎると給付の上限が設定されている介護保険制度の利用が優先になることから、そのままではサービスの利用量が減少し、自己負担も大きくなる）[22]。要するに、共生型サービスは、

サービスの供給面において、障害者総合支援法と介護保険法の統合を図り、利便性を高める点ではメリットがあるものの、前述した経済的負担面における問題解決に資するものではありません。

そのうえで、芝田英昭先生（立教大学教授）が地域共生社会との兼ね合いで述べておられることですが、この共生型サービスの真の目的は別のところにあるようにも思われます。すなわち、共生型サービスの真の目的は、先にも述べたように、サプライサイド（供給面）から障害者総合支援法と介護保険法を統合することで、その利便性を強調することによって、中期的には介護保険をベースにした統合的な保険制度に移行させることではないのか、ということです。[23] 私は、芝田先生のこの見解は、そのとおりであろうと考えます。

障害者総合支援制度（自立支援制度時代も含む）の介護保険制度側への統合は、障害者にとっては経済的な負担増とサービス利用量の減少を意味します。だからこそ、わが国では障害者運動の高まりによって、そうならないように至った経緯があります。つまり、当事者とその支援者らによる働きかけによって、障害者が介護保険の被保険者に組み込まれることを阻止した、[24] ということです。しかし、今回の共生型サービスの創出は、そうした流れを押し戻す一つのツールになるのではないか、という思いがあります。

こうした知見を踏まえたならば、共生型サービスに代表されるような縦割りを排した分野横断型の制度が、常に利用者のためになるという保証はありません。先にも述べました、資格取得の柔軟化という文脈での縦割り解消であれ、共生型サービスにみられる制度間の縦割り解消であれ、常に気を付けるべきは、そうした縦割りの解消が、利用者にとって真に有益になるか否かです。この点は、確認しておきたいですね。

(4) これからの社会保障教育に必要となるもの

—— 資格取得の弾力化政策から分野横断型の政策に内在する負の側面など、やはり複数の資格を有しておられる先生だからこそ気が付かれる貴重なコメントだったと思います。ところで資格といえば、先生が勤務しておられる大学は、福祉系国家資格の高い合格率を誇る大学として知られています。その合格率を見る限り、山元先生の現任校は資格教育に基軸を置かれていることは間違いないわけであり、その成果も出ているわけです。では、そうした成果のうえで、これからの社会福祉領域における教育として、何が必要になるとお考えでしょうか？ それとも、いろいろな問題点はあるにしても、基本的には現状のままで良いとお考えでしょうか？

　これまた難しい質問ですね。まず、福祉系に特化した単科大学と他の学部も擁する総合大学とでは、履修できる科目という意味で学習環境が大きく異なりますから、そうした点を一つとっても、安易なことは言いにくいですね。ただ、資格取得に求められる単位要件がかなり厳しいのが実情ですから、横山先生が指摘された政策評価などの部分に関しては、たしかにゼミの担当教員による影響が大きいと思います。
　そのうえで強調したいことは、資格教育はそれが現場での実践において必要な知識だからこそ資格化され、教育システムとして体系化された経緯があるわけですから、資格教育そのものはやはり重要だということです。たしかに、過度な資格偏重教育の弊害は存在するでしょう。しかし、別な視点からみれば、社会保障政策に対する教員側による政策評価は、個人的見解に過ぎない側面もあるわけですから、その個人的見解のみが受講生に教授されるようであれば、当該教員と見解を異にする教員からすれば、それはとんでもない教育内容に映ることでしょう。ですから、最終的には担当教員自身の見解を是認する講義内容になるとしても、政策評価を教授するにあたっては、対立する見解の主張についても、ある程度の解説は行うなど、バランスある教育が求められると思います。

この点に関して補足しますと、東京にある某大規模有名大学では、思想的に正反対の先生が、同じ学部で教鞭を取っておられましたが、これはある意味、健全な教育環境だと思います。類似のテーマで正反対ともいえるスタンスの教員の言説を前にすれば、仮に当該教員が一方的に自説を展開する講義を行ったとしても、受講生は否が応でも考えさせられることになるでしょうから。

　とはいえ、そうした学習環境を擁することができるのは、やはり余力のある一部の有名大規模大学だけでしょう。だからこそ、やはり対立する見解が、なぜ、一定の支持を集めているのかなども含めて、教授する姿勢は大切になるのではないでしょうか。そのうえでの反論であれば、受講生にとっても納得のいく講義になると思います。

　私見に過ぎない部分もありますが、福祉系教員には、いわゆる左派系の論者が少なくないように思います。福祉現場での困難を知ればこそ、そうなって不思議ではないと思いますし、むしろ自然なことだと思います。しかし、確実に貧困層が拡大するなかで、それでも左派政党への支持が強くならない現実を、そうした識者らがどう認識しているのか。社会保障の市場化路線ともいえるような現状が、善かれ悪しかれ追認されてしまうのはなぜなのか。そうした背景や要因を、説得力をもって教授するためには、やはり対立する見解への深い理解が必要になるでしょうね。単なる批判だけでは、説得力に欠けると思うのです。また、そうした姿勢なくしては、建設的な代替案も対処法も出てこないのではないかと思います。

　そうした見解を表明したうえで、特に最近気になるのは、専門職大学の存在です。というのも、一歩間違えば、専門職大学では先に述べたような重要な教育姿勢すら（過度の資格対策教育を前にすると）あまり意味をなさない課題になる可能性を排除できないからです。このことについて、少し長くなるかもしれませんが、お話しさせてください。

　ご存知のことかとは思いますが、国は実践的な職業教育を行う目的で、専門職大学の創設を認可しました。このインタビューを受けている今日現在、大学で13校、短大で3校が申請していますが、ここで私が注目するの

は次の2点です。

　1つ目の注目点は、教育内容と教員に関することです。河合塾「2019年度入試情報　2019年度創設　専門職大学とは」（2017年12月28日）によると、専門職大学は実践的な職業教育のためのカリキュラムを編成することから、卒業単位のおおむね3～4割程度以上が実習等の科目になる予定だそうです。しかも、長期の企業内実習等を2年制課程で10単位以上、4年制課程では20単位以上も履修するとのことです。また、こうした教育カリキュラムの特性上、必要な専任教員数の概ね4割以上は実務家教員（ただしその半数以上は、研究能力を併せて有する実務家教員）になる予定だそうです。

　2つ目の注目点は、専門職大学の種類に関することです。先の河合塾の情報によると、専門職大学における専門職の職業分野は、「医学、歯学、6年制の薬学、獣医学の分野を除き、職業分野は限定されていない」とのことです。そうであるならば、福祉系の専門職大学が出てくることは大いに考えられます。実際、今回の申請をみると、同一のグループ法人になりますが、東京医療福祉専門職大学、名古屋医療福祉専門職大学、大阪医療福祉専門職大学など、その大学名に福祉という言葉を組み込んでいるケースをいくつも認めることができます。

　医療系であれ、福祉系であれ、もし受験生が現場を重視するのであれば、専門職大学は一つの選択肢になるでしょう。そうなると、専門職大学の教育内容より従来型の大学で福祉を学ぶことのメリットは何か、ということが鋭く問われることになります。

　この点に関して、阿部先生の分析結果（第2章参照）を読む限り、福祉を専門的に学ぶか否か（→学科間の差異）と、学んだ期間の長短（→学年間の差異）が、特定の社会保障観の形成には連動していないようでした。そのため、「専門的に福祉を学ぶことの意義（≒学習効果）とは、一体何なのか」という問いが出てきたわけですよね。

　しかも、その後の分析（第3章参照）では、「福祉系学科で学ぶ現役大学生の抱く社会保障観」と、「福祉系専門学校生の抱く社会保障観」とを比較

した結果、学科、学年、そして教育機関の如何を問わず、若年層の抱く社会保障観には、顕著な差異を見出すことができないことが判明したわけです。ここで阿部先生の言葉を拝借すれば、「福祉系学科（大学）で福祉を専門的に学ぶことの学習効果とは何か」という問いに加え、さらに「福祉系専門学校ではなく、あえて大学の福祉系学科で福祉を専門的に学ぶことの意義とは何か」という問いが今回の分析結果から導かれたわけですが、私からすれば、今後はさらに（そこに）専門職大学の存在も組み込まざるを得ないのではないかと思います。

　そうなると、やはり良い意味での脱資格教育を展開しやすい既存の大学というメリットを、どこまで私たち（従来型の大学に在職する）教員側が自覚し、活用するのかが重要になります。また、この点をどう意識するかで、ソーシャルアクションの重要性に対する学生側の認識も、かなり変化するような気がします。なぜなら、ソーシャルアクションの重要性を理解するためには、「福祉と政治」や「福祉と経済」など、社会とのつながりを意識した講義科目の充実が欠かせないからです。もちろん、こうした点は、専門職大学と比べて、既存の大学のほうが明らかに有利だといえましょう。

　前置きが長くなりましたが、以上のような知見を踏まえたならば、これからの社会保障教育に必要となるものは、福祉系教員が福祉のみに留まらない問題意識を有することであり、それを分野横断的な観点から、福祉領域に落とし込み、さらにそれを受講生に教授するという姿勢ではないでしょうか。この点は、すでに横山先生が述べておられるとおりだと思います。もちろん、それは同時に、専門職大学というのは、本当に専門職を養成するのに適した教育機関なのか、その評価の大半は、国家試験合格率でしか推し量ることができないのか、などの点も鋭く問われることになるわけです。

　それはつまり、実践的な職業教育を行うことが目的となる専門職大学における教育で、ソーシャルアクションなどの項目は、どのように教授されることになるのか、という点が鋭く問われることにもなるわけです。「ソーシャルワーカーの倫理綱領」から導かれるソーシャルワーカーの社会

的活動への期待を、実践的な職業教育を行う教育プログラムに、どう反映しているのか。個人的には興味のあるところですね。

　また、専門職大学に関しては、もう一つだけ補足したいことがあります。実は、安倍内閣が公表した「新しい経済政策パッケージ」（平成29年12月8日閣議決定）の「高等教育関連部分抜粋」の資料によると、「第2章　人づくり革命」の「3. 高等教育の無償化」の部分に、「支援措置の対象となる大学等の要件」として、「①実務経験のある教員による科目の配置［……］」という表現があります。すなわち、この経済政策パッケージを読む限り、今後の展開次第では、従来型の大学よりも、実務経験の豊富な教員を擁する専門職養成機関としての職人養成大学のほうが補助を受けやすい……という状況が想定されるわけです。もちろん、その他の要件もあるわけですから、こうしたことは一概には言えません。とはいえ、前記の要件を見る限り、そういう方向に大学機能を誘導したいのかな……という政権の価値観を垣間見る気がします。だからこそ問われるべきは、それが真に社会のためになる方針なのか、ということです。

　私自身は、特段の支持政党はありません。ただ、大学教員としては、こうした「新しい経済政策パッケージ」という経済政策のなかに教育政策が従属した位置づけで描かれるという現実には、正直、違和感を覚えますね。阿部先生は、近年の社会保障政策を経済政策従属型の社会保障改革だと評しておられますが、それは同時に経済政策従属型の教育改革でもあるわけです。そう考えると、これからの高等教育機関における専門職大学の意味合いは、思った以上に大きいのかもしれませんね。

(5)　アンケート調査結果について

　——　福祉領域の専門職大学は、たしかに新たな潮流ですね。振り返ってみれば、株式会社立の大学も制度化され、本当に大学も多様化してきました。ところで、山元先生には、他の先生方との（見解の）重複を避ける目的で、アンケート調査結果以外の部分で多くを語っていただきました。とはい

え、これまでの内容は、このインタビューの共通課題でもある「これからの社会保障教育に必要となるもの」や「国の政策に対する見解」に通じる内容でもありました。それではこのインタビューを終えるにあたり、改めてアンケート調査結果に関して、何かしら思うところがおありでしたら、お話しいただけませんでしょうか。

　いえ、すでに横山先生と山田先生が多くを語っておられるようですから、あえて私から付け加えることはありません。ただ、受験生の立場になれば、福祉系学科の魅力は国家試験合格率の高さにあり、脱資格教育にあるわけではない、という事実を変更させるのは容易ではありません。教員側も、経営者側も、それを理解しているからこそ、資格教育を重視し、その潮流に乗らざるを得ないことはご理解いただきたいと思います。

　実際のところ、私のように私立大学で教壇に立つ身としては、受験生にPRする手っ取り早い手段は、文字通り、国家試験合格率になるわけです。たしかに卒業時には、非福祉領域に進出する学生も多いわけです。でも、新入生として入学する段階では、卒業後の進路に非福祉系を積極的に考える学生は、当たり前ですが少数派です。

　もっとも、国家試験合格者で福祉の現場に入った多くの卒業生が、短期間で離職するという現実も、私なりに重く受けとめています。ただしこれは、国が社会福祉従事者を冷遇してきたことに起因するものであり、資格重視の福祉教育に起因する問題とは違うのではないか、と考えております。

　──山元先生、今日は長時間にわたり、ありがとうございました。

6 小括

　本章では、社会保障・社会福祉領域に明るい教員とのインタビュー調査を通じて、アンケート調査結果の含意などについて論じていただいた。識者により問題意識が異なる部分はあるものの、分析結果の大枠的傾向に関しては、日々の教育・福祉活動を通じて得られる認識と、大きな乖離はないとの見解をいただいた。特に、わが国の若年層が抱く可能性が高いとされた未来の社会保障観が、損得勘定的な色合いの強い社会保障観になる可能性については、インタビューを受けた3人の教員とも「かなりの確率で、そうなるのではなかろうか」という見解を表明されたことが印象的であった。

　なお、山田先生とのインタビューで取り上げた、保育園に対する手厚い独自基準を設けている市町村に対して、国が待機児童緩和対策の一環として、その基準を下げる仕組みを導入する意向を表明した件（本章第3節第5項）については、後日談がある。実はターゲットとされた自治体では、基準を下げようとする国の姿勢に対して警戒感が強い、というのである。その理由として、日本総研の池本美香主任研究員は、「緩和すれば保育士の負担が増し、離職に拍車がかかって根本的な解決にならない。自治体が慎重なのはもっともだ」[26]とコメントしている。実に正鵠を射たコメントだといえよう。

　以上、これまでの検証を踏まえ、総括にてアンケート調査に関する私見を述べることとする。

注

1　阿部敦（2018a）『「新しい社会保障教育」政策と地域共生社会』関西学院大学出版会、5-77頁。
2　なお、本インタビューの編集においては、横山壽一先生の許可を得て、次の講演会記録も参考にした。「新春社会保障講演会　講演録——日本の社会保障をめぐる情勢と私たちの課題　講師：横山壽一（佛教大学）教授」2018年2月4日（於：

金沢市武蔵・近江町交流プラザ 4 階集会室／主催：石川県社会保障推進協議会）。
3 これに関しては、元財務省官僚であった髙橋洋一（嘉悦大学教授）の次のコメントが示唆的である。

> 財政破綻の問題は、一般の生活者を不安にさせるだけでなく、専門家である経済学者のあいだでも心配する声が大きい。
> 東京大学金融教育研究センターでは、主要な国内経済学者をメンバーとして、「『財政破綻後の日本経済の姿』に関する研究会」を 2012 年 6 月から 15 年 6 月まで開催していた。その問題意識は、〈もはや「このままでは日本の財政は破綻する」などと言っている悠長な状況ではない〉とし、〈財政破綻後の状況や破綻後に直面する国民的課題・政策課題に焦点を合わせた議論・研究を開始する必要がある〉という仰々しいものだった。［……］もちろん表題どおりになってはいない。

> 次を参照。髙橋洋一（2018）『なぜこの国ではおかしな議論がまかり通るのか ── メディアのウソに騙されるな、これが日本の真の実力だ』KADOKAWA、58-59 頁。

4 これに関しては、次を参照。https://www.sib.k-three.org/_blog（最終閲覧 2018 年 5 月 1 日）。「ソーシャル・インパクト・ボンド等の成果連動型委託契約に関する情報を集約・発信するサイト」（ケイスリー株式会社）。
5 阿部敦（2018b）『増補版 社会保障抑制下の国家・市民社会形成 ── 社会保障・社会福祉教育の展開と市民社会の弱体化』金沢電子出版株式会社、225-229 頁。
6 後藤道夫（2017）「介護における保険原理主義の破綻 ── 低所得、無貯蓄高齢者の急増」〔岡﨑祐司・福祉国家構想研究会（編）『新福祉国家構想⑥ 老後不安社会からの転換 ── 介護保険から高齢者ケア保障へ』に収録〕大月書店、170-193 頁。
7 障害関係団体連絡協議会 障害者の高齢化に関する課題検討委員会「障害者の高齢化に関する課題検討報告」2015 年 5 月。
8 後藤、前掲、181、192 頁。
9 横山壽一（2017）「『人材への投資』という名の成長のための『人づくり』── 『骨太の方針 2017』『未来投資戦略 2017』を読む」『国民医療』(335) 2017 年夏季号、公益財団法人 日本医療総合研究所、22-23 頁。
10 日本経済新聞（2017）9 月 12 日。
11 同上。
12 本章脚注 1 を参照。
13 清水俊朗（2018）「市場化が進む保育施策と保育労働の実態」『社会政策』9 (3)、社会政策学会、39-40 頁。全国保育協議会（2012）「全国の保育所実態調査報告書 2011」。
14 同上、30 頁。
15 村田隆史（2018）「失業がもたらす貧困と社会保障制度の果たす役割」『国民医療』(337) 2018 年冬季号、公益財団法人 日本医療総合研究所、46 頁。
16 朝日新聞（2017）12 月 6 日。「福祉のひろば」（2018 年 2 月号）、総合社会福祉研究所、78-79 頁。
17 毎日新聞（2018）1 月 3 日。「福祉のひろば」（2018 年 3 月号）、総合社会福祉研究所、78-79 頁。
18 朝日新聞（2018）4 月 4 日。

19　朝日新聞（2018）3月5日。
20　上昌広（2015）『日本の医療格差は9倍――医師不足の真実』光文社。
21　生活保護の不正受給件数が全体に占める割合は、1.44％（平成19年）→ 1.62％（平成20年）→ 1.54％（平成21年）→ 1.80％（平成22年）と推移し、また、不正受給額が全体に占める割合は、0.35％（平成19年）→ 0.39％（平成20年）→ 0.34％（平成21年）→ 0.38％（平成22年）となっている（平成24年3月 厚生労働省社会・援護局関係主管課長会議資料）。その後、辰巳孝太郎議員（日本共産党）は、生活保護費全体に占める不正受給の割合が0.5％程度であることを参院決算委員会（2014年4月7日）で発言している。このことからも、不正受給に関する問題は増加傾向にあるといえるが、それでもやはり数字的には非常に限定的な問題だといえる。次を参照。生活保護問題対策全国会議（他）「利用者数の増加ではなく貧困の拡大が問題である――『生活保護利用者過去最多』に当たっての見解」2011年11月9日。
22　芝田英昭（2018）「基調講演　『地域共生社会』の批判的検討」『国民医療』（338）2018年春季号、公益財団法人 日本医療総合研究所、5-6頁。
23　同上、5-6頁。
24　同上、5-6頁。
25　阿部（2018b）、30-37頁。
26　朝日新聞（2018）2月8日。「福祉のひろば」（2018年4月号）、総合社会福祉研究所、78-79頁。

総 括

　本論では、わが国の社会保障制度の現状とその特徴を概説したうえで、わが国の若年層が抱く社会保障観の実態に接近する目的で行われたアンケート調査の分析結果を叙述した。そして、ここまでの分析を通じて、本論の課題に対する筆者としての解は、おおよそ表明できたものと考えている。

　そこで、この総括においては、各章の要旨を確認したうえで、社会保障の概念に関する筆者なりの見解を述べることとする。それは、社会保障とは何かを問い直す、古くて新しい作業に繋がる行為でもある。その後、筆者の主張の妥当性を「地域」と「国際比較」の観点から簡潔に問い直し、最後に、今後の政策に必要となる方向性を再確認する。

1　本論の要旨

　本論第1章では、わが国における社会保障政策の現状を批判的に検証したうえで、安倍「社会保障改革」の特徴、および、そこから合理的に推察されるアウトプットについて叙述した。それらの知見を踏まえたうえで、本論の中核部分となるアンケート調査結果の分析および識者に対するインタビュー調査に移行したわけだが、その内容は、次の3点に集約すること

が可能である。

1つ目は、わが国の若年層が抱く現時点での社会保障観は、大きく6つのクラスターに分類され、かつ、それを大枠的に捉えた場合、「特定の社会保障観を有さないクラスター」、「若年層に対する負担を否定的に捉えるクラスター」、さらに「国家責任を重視し、貧困対策を標榜するクラスター」という3つの社会保障観が、それほど大差なく並存している、という状況が見出されたことである。すなわち、異なる社会保障観が似たような割合で並存していることから、現状は「揺らぎのなかにある」と評することが可能である。

2つ目は、判別分析や社会的公正さの指標などを用いて、若年層の抱く未来の社会保障観を検証した結果、わが国の若年層が抱くであろう未来の社会保障観は、今後ますます「社会保障制度にいくら拠出し、何を、どの程度得られるのか」という点において非常に敏感な、損得勘定的な色合いの強い社会保障観になる可能性の高いことが想定されたことである。

3つ目は、こうしたアンケート調査の分析結果に関して、社会保障・社会福祉領域に明るい識者らに見解を求めたところ、わが国の若年層が抱く未来の社会保障観が、損得勘定的な色合いの強い社会保障観になる可能性が高いという点について、「かなりの確率で、そうなるのではなかろうか」という見解が表明されたことである。

なお、紙幅の見解上、本論では省略しているが、ここに拙稿で叙述した厚生労働省が主導する「新しい社会保障教育」政策の特徴を加味したならば、前述した損得勘定的な社会保障観は、今後、さらに広がることが合理的に推察される。それは「権利としての社会保障」ではなく、「福祉とは、他の一般消費財同様、基本的には自己責任で購入するサービス商品である」という価値観の浸透とその常態化を示唆するものである。

ただし、こうした筆者の主張は、現時点における暫定的な見解に留まるものである。また、第4章脚注22でも指摘したように、筆者の見解とは必ずしも一致しない識者による分析結果も認められる。こうした事実を踏まえ、わが国の国民が抱く社会保障観の把握は、現行政策に対する国民の賛

否の度合いに照らして、当該政策の正当性を検証するという観点からも、従来以上に重視されるべきであろう。そうであるならば、ここで確認すべきは、未来の社会保障観に連動する「社会保障概念の変容」である。

2 社会保障概念の変容

「社会保障は人権である」。これは、私が社会保障・社会福祉を大学院で学んだ際、恩師の一人が、常に口にしていた言葉である。しかし、今回のアンケート調査結果を直視し、そこから導かれる社会保障観の未来像に思いを馳せた時、恩師の言葉に「そのとおりだ」と反応する国民は、果たして多数派になるのであろうか。この点に関して、私は甚だ懐疑的である。それは先の恩師とて、同意ではなかろうか。事実、だからこそ、その恩師は彼なりの立ち位置から、現状改善に向けての抗いを止めないのであろう。

わが国では、社会保障は「社会福祉、社会保険、公的扶助、公衆衛生」という4つの要素から構成されている。とはいえ、社会保障の概念は、時代により、国により、もっといえば論者により、そのあるべき守備範囲に違いがある。そうした大前提を確認したうえで、ここで簡潔に、わが国における社会保障の概念について、その重要な分岐点を確認する。

まず、社会保障制度審議会50年勧告では、国家に国民の生活を保障する義務があることを表明した。換言すれば、社会保障は、国民が国家に対して有する権利だ、ということである。その後の62年勧告では、社会保障を低所得者層対策と位置づけた。それは森詩恵の言葉を用いれば「『貧困階層＝救貧＝公的扶助』に対する『低所得階層＝防貧＝社会福祉』という形で社会福祉を防貧対策であることを明確にした[2]」ということである。それは同時に、社会福祉の射程が広がることを、含意するものでもあった。

ところが95年勧告になると、「社会保障制度は、みんなのためにみんなでつくり、みんなで支えていくもの」と表明された。この95年勧告は、その後の社会保障制度の基底を流れる価値観になるわけだが、その際、重視

すべきは、同勧告の前記の表現における主語である。

　50 年勧告とは異なり、95 年勧告では、主語は「国（家責任）」でなく、事実上、「みんな」へと変化した。当然ながら、主語の変更は、大きな質的変化を伴うはずである。ところが、「社会保障制度改革国民会議報告書」（2013 年 8 月 6 日）には、「自助・共助・公助論は、50 年勧告の時点でも述べられている」という主旨の記述がある。そうすることにより、「自助・共助・公助」論の正当化を図っているわけである。しかし、それは 50 年勧告を捻じ曲げた解釈に過ぎないことは、横山壽一が指摘するとおりである。[3]

　さらに、村上武敏（聖隷クリストファー大学助教）が指摘するように、95 年勧告にある「みんな」は「決して全ての国民を指しているわけではなく」、「保険料を払って、利用料を払える『みんな』のこと」に過ぎない現実がある。[4] たとえば、95 年勧告から 2 年後、国民健康保険法が改正されたわけだが、それに伴い、資格証明書の発行が市町村に義務付けられた。その結果、2002 年の資格証明書の発行数は、97 年の 4 倍にも膨らむこととなった。[5] 当然ながら、こうした政策が生み出す「病院窓口での 10 割負担による医療抑制」の背後には、経済的に負担が困難な「排除されたみんな」がいた。

　このように、95 年勧告を大きな分岐点として、それ以降の政策展開を鑑みれば、社会保障概念の変容、とりわけ、その主語の変更と、特に低所得階層にとっての重い自己負担は明らかな現実である。

3　地域共生社会がもたらす福祉労働のブラック化

　今日、95 年勧告から 20 年以上が経過した。この間、わが国の社会保障・社会福祉制度は、紆余曲折を経ながらも、基本的には抑制政策を基調としてきた。そして昨今、日本型福祉社会論と同質性を有する強いられた支え合いネット論としての「地域共生社会」観が、とりわけ川下部分（第 1 章第 2 節第 5 項）における社会保障抑制政策の影響を緩和する観点から、国

によって地域包括ケアの上位概念として肯定的な論調で用いられている。換言すれば、この「地域共生社会」観の導入が、社会保障概念の変容に対する国の対処策の一つになる、ということである。

　保険料を支払えない、利用料を支払えない、その他様々な理由で社会保障制度へのアクセスが容易でない人々は数多い。だからこそ、困難な状況下にある人々に手を差しのべる観点から、地域社会の自発的な相互扶助に期待する識者も存在する。それはまさに、地域共生社会の構築に資する思考パターンであるといえよう。

　たしかに、市井の人々による（地域福祉における）新たな課題発見や、その課題に対して先駆的に取り組む姿勢は評価されるべきである。とはいえ、それが多くの人にも共通する困難であるのなら、課題に対する対応策は、初期段階では一部の人々の善意で始まるとしても、最終的には制度としてシステム化することが求められる。また、そもそも論として、人々の善意に依拠し続けていては、早晩、その持続性に限界が生じることは論じるまでもない。誰しも、自らの生活を守らなければならないからである。

　しかし、それでも国は社会保障抑制政策を堅持しつつ、日本型福祉社会論の復権ともいえる地域共生社会を強調している。そうした政策展開の過程で筆者を驚かせたのは、地域共生社会の構築に資するという観点から導入された「地域における公益的な取組」である。

　この地域における公益的な取組では、社会福祉法人を含む社会福祉事業者全体に対して、お金があろうとなかろうと、地域における公益的な取組は行わなくてはならない[6]、とされている。これは、ただでなくても低賃金重労働と評されることが多い社会福祉従事者にとって、非常に酷な要求になるのではなかろうか。

　実際、2014年3月に結成された（旧称）ブラック企業対策ユニオン〔現総合サポートユニオン（GSU）〕の相談記録（495件：2016年3月～2017年2月）をベースにした青木耕太郎の研究によると、（GSUの組合員を別にした）相談者の勤務先の産業分類として、「医療・福祉」が全体の47.9％を占めている。これは、第2位の「生活関連サービス業・娯楽業」の28.3％

を大きく引き離している点で注目される[7]。同様の傾向は、GSU の業種別でみた相談件数からも見出すことができる。実際、相談件数は、介護業界 23.2％、保育業界 18.6％となっており、社会福祉系だけで全体の 41.8％を占めているのが実情である[8]。

業種的に、そして伝統的に、労働組合の組織率が非常に低位だと評される福祉領域ではある。しかし、組織化は限られていても、ブラック企業対策のユニオンに電話相談などをしている（表向きには声を出さない）多数派は、医療および社会福祉従事者なのである。このことからも容易に理解されるように、社会福祉従事者を地域における公益的な取組の名の下に、さらに活動させることは、地域福祉の向上に寄与するというよりも、福祉労働のさらなるブラック化を招くだけではなかろうか。なぜなら、前出の地域における公益的な取組は、社会福祉従事者らに対して、実質的には無償奉仕を強要する可能性が高いからである。

また、こうした福祉労働のブラック化の促進を招く政策と並行して、社会福祉法第 4 条 2 にも注視が必要である（第 5 章第 2 節第 2 項）。なぜなら、地域社会で可視化された福祉問題が解決されないまま蓄積するような状況は、地域住民の助け合い不足として、いつのまにか地域住民全体の責任に転嫁される可能性を排除できないからである。

要するに、地域共生社会という言葉から発せられるメッセージは、純粋な地域福祉活動の促進ではなく、公的システムから「排除されたみんな」を、社会福祉従事者のブラック労働化を伴いつつ、「地域住民の責任で、極力、再取り込み（→社会的包摂）しなさい」と要請している側面が強い、ということである。地域共生社会を、国民監視国家との親和性から論じる識者もいるが[9]、筆者にとっては、社会福祉従事者のさらなるブラック労働化のほうが、より目前に迫った現実ではないかと考えている。

4 国際比較からの再考

　前節において、地域共生社会という政策用語の含意を確認した。そこから見出せるわが国の未来像は、決して多くの人々にとって望ましいものではない。しかしこうした評価は、他の観点からみても、その見解の妥当性が維持されるのだろうか。この問いに関しては、国際比較研究の蓄積が豊かなOECDのデータが参考になる。

　すでに第1章第1節第3項において、純社会支出合計の指標――総公的社会支出、総私的社会支出、およびこれらに税制の影響を加味して算出されたもの――により、わが国の立ち位置は確認済である。その主旨は、わが国においては、公的責任による社会保障政策の規模とパフォーマンスの双方における改善が強く求められる、というものである。もっとも、純社会支出合計の指標に関しては、公私支出を一体化することの意味などにおいて、論者間でも評価に幅がある。しかし、視点を変えてもなお、わが国の社会保障政策に対して導き出される答えは、前節までの認識と同じであるといえよう。

　純社会支出合計の指標は、前記のとおり、総公的社会支出、総私的社会支出、およびこれらに税制の影響を加味して算出されるわけだが、その指標の構成要素の一つになる総公的社会支出に関して、OECDが国際比較研究を行っている。その結果は、「社会的支援は各所得層にどのように再配分されているか」という項目で、2つの図（図6-1と図6-2）にまとめられている。[10] 公的支出の規模とその使途に関する国際比較であれば、純社会支出合計の指標を扱うよりも、議論の余地は限定的になるはずである。

　これらの図の主旨は、「生産年齢人口に対する支出が多い国ほど、所得格差は小さい」ということになるが、それと同時に、これら2つの図における日本の立ち位置、および前掲の第1章表1-1を踏まえれば、およそ次の諸点が指摘されよう。

　1つ目は、わが国は国際比較の観点から見て、低所得者層や生産年齢人口への再分配機能が限定的であり、結果として、格差が固定化されやすい

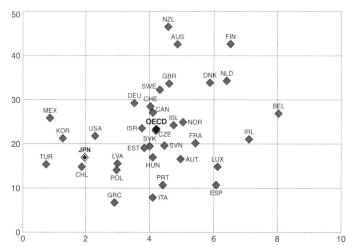

図 6-1　下位 20%の所得層に向けられる公的社会現金給付の割合（縦軸）と、生産年齢人口向けの公的社会支出の対 GDP 比（横軸）、2013 年

資料：OECD（2016），"Social Expenditure Update 2016：Social spending stays at historically high levels in many countries".

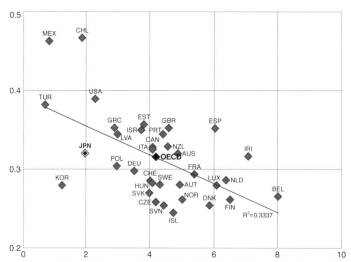

図 6-2　生産年齢人口向けの現金所得支援に対する公的支出の対 GDP 比（横軸）と、ジニ係数〔可処分所得〕（縦軸）、2013 年

資料：OECD（2016），"Social Expenditure Update 2016：Social spending stays at historically high levels in many countries".

注：図 6-1 と図 6-2 における「生産年齢人口」は、18〜65 歳を指している。また、5 分位数の最下位および最上位は、等価可処分所得が最も少ない、および最も多い人口の 20%と定義されている。

（≒貧困の拡大化）という現実が見て取れることである。2つ目は、日本の総公的社会支出の対 GDP 比は、決して高くない順位（表 1-1 にあるとおり 14 位）に留まっていることである。そして、これら2つの事由により、総私的社会支出の増加が、人々にとって必然の対応となることである。

とはいえ、所得再分配機能が限定的なわが国では、強いられた私的支出の全てを賄うだけの経済的余力が多くの人々にあるわけではない。それゆえ、富裕な人々は自己負担によって高度な医療サービスや福祉サービスへのアクセスが可能になるが、低所得者層でそれが可能な人は限定的である。当然、そうした状態では、望ましいサービスの確保に至ることは稀なため、低所得者層は不利な立場を強いられ続けることになる。

こうした悪循環があればこそ、わが国の純社会支出合計の指標が北欧水準（表 1-1）となっていても、その実態は貧困層拡大社会なのである。換言すれば、自己責任を強調する社会的風潮に対しては、それに安易に迎合するのではなく、公的責任による社会保障政策の規模的拡大とその有効度合いを高める必要性を強調すべきなのである。なぜならそうした社会的風潮は、前掲のアンケート調査結果を踏まえれば、限定的な規模と効率的ではない公的政策によって生み出された諦め感に伴うものであると推認されるからである。よって、公的責任による社会保障政策の規模的拡大とその有効度合いを高める必要性を主張することは、至極真っ当な見解であろう。

5 結語

本論を閉じるにあたり、筆者として、最後の私見を述べておく。

本文中でも述べたことだが、筆者としては未来の社会保障観が、過度な自己責任論に依拠した損得勘定的な色合いの強いものにならないようにすることが望ましいと考えている。そのためには、第 4 章第 5 節で叙述したように、(1) 低所得者層に十分に配慮したうえでの課税対象の拡大、(2) わが国の社会保障制度における所得再分配機能の著しい脆弱性の改善、お

よび (3) 積極的労働市場政策の強化、の3点が重要になる。とりわけ、社会保障の逆機能が認められるからには、前記 (1) と (2) に関しては、早急な改善が求められるといえよう。

なお、仮にこうした政策を導入しなければ、第4章第3節で叙述したように、人々の間における一般的な信頼感は低下する可能性が高い。そして、そのような対人観は、社会の安定性という観点から見て、望ましい状況とは言い難い。だからこそ、人間不信を生み出しかねない現行政策へのカウンターバランスとして、助け合いの精神をベースにした互助的精神を強調することは、現状維持に資するという観点から見れば、理にかなった選択になるといえよう。

なぜなら、そうすることで、現行政策が生み出している過度に強調された自己責任論と、本来、自助（≒自己責任論の強調）とは相容れない部分がある互助的価値観が、地域共生社会という優しい言葉を介して、比較的無理なく連結する可能性が高まるからである。理論展開としては、互助的精神から共助・公助の強調に連動しても何ら問題はないわけだが、現実レベルで国が目指しているのは、互助的精神から自助的価値観を強化する一方向である。

当然ながら、そうした状態が常態化すれば、そこから生み出されるものは「国家に対する国民の権利」という意味での「権利としての社会保障」ではなく、「自助と助け合いの精神」を全面に押し出した「新しい何か」と捉えることが適切な社会制度である。もしくは、社会保障という言葉の意味から（国家に対する国民の権利という意味での）権利性という価値観が限りなく矮小化・希薄化することで、社会保障という言葉そのものが上書きされることになるのかもしれない。

しかし、人が人らしく生きるために必要不可欠なものとして、「権利としての社会保障」が生み出されてきた歴史があるからには、社会情勢の変化を加味してもなお、やはり守るべき一線があるのではなかろうか。今も私は、この思いから離れることができないでいる。先に「社会保障は人権である」という恩師の言葉に対する厳しい状況を記したが、その恩師の思

いは、私なりに受け継いでいるつもりでいる。
　ノーベル文学賞受賞者のバートランド・ラッセルは、The impact of science on society（1952年）——邦訳版は『科學は社會を震撼した』（角川書店・1956年）——において、次の言葉を残している。

　　教育による洗脳効果は大衆の心理操作に重要な役割を果たす。現代の科学的政治支配においてメディアと教育は最重要部門であり、支配階層のみがその部門の管理を行うことができる。これによって大衆が気付かないうちに心理操作をすることが可能になる[11]。

　わが国のメディアと教育によって生み出される社会保障観、すなわち、これからの社会保障の守備範囲（→概念）が、誰も排除しないという意味で、文字どおりの「みんな」の幸福に寄与するものになることを期待しつつ、このラッセルの言葉を心に留めておきたいと思う。
　幸いなことに、増大する低所得者層を中心とした多くの国民に対して、過度な負担をかけることなく、公的責任を充実させる（→「みんな」の名の下に、多くの国民を排除することがない制度を構築する）ことが可能だとする具体的な研究成果が認められている[12]。それゆえ、これからの若年層には、国の言説と並行してそうした提言の具体性、実行可能性、および提言に内在する問題点・矛盾点[13]などを学び、建設的批判精神に依拠して検証することが必要となる。また、これからの教員には、そうした学生の主体性を引き出す教育方法を意識することが、強く求められるといえよう。なぜなら、その先に、各人がそれぞれの立場でなすべき社会とのかかわり方、すなわち、個々人のなすべきソーシャルアクションを自覚することができるからである[14]。

注

1 阿部敦（2018）『「新しい社会保障教育」政策と地域共生社会』関西学院大学出版会、5-77頁。
2 森詩恵（2018）「わが国における高齢者福祉政策の変遷と『福祉の市場化』」『社会政策』9（3）、社会政策学会、17頁。
3 横山壽一（2017）「介護保険財政の仕組みと現状」〔岡﨑祐司・福祉国家構想研究会（編）『新福祉国家構想⑥　老後不安社会からの転換 ── 介護保険から高齢者ケア保障へ』に収録〕大月書店、168-169頁。
4 村上武敏（2017）「高齢者の貧困・社会的孤立と社会保障 ── 『誰もが安心して暮らせる社会』に必要なものは何か」『総合社会福祉研究』（48）、総合社会福祉研究所、22頁。
5 同上。
6 峰島厚（2017）「社会福祉法人制度改革の現段階と実践、事業運営、運動の課題 ── 『我が事・丸ごと』地域共生社会施策の一つとしての社会福祉法『改正』問題を考える」『総合社会福祉研究』（48）、総合社会福祉研究所、11-12頁。
7 青木耕太郎（2018）「ブラック企業に対抗する労使関係の構築」『社会政策』9（3）、社会政策学会、104-105頁。
8 同上、113頁。
9 芝田英昭（2018）「基調講演　『地域共生社会』の批判的検証」『国民医療』（338）2018年春季号、公益財団法人 日本医療総合研究所、7-8頁。
10 OECD（2016）," Social Expenditure Update 2016：Social spending stays at historically high levels in many countries "（英語版、日本語版ともに5頁目からの引用）。
11 「福祉のひろば」（2017年11月号）、総合社会福祉研究所、8頁。
12 たとえば、次を参照。不公平な税制をただす会（編）（2018）『消費税を上げずに社会保障財源38兆円を生む税制』大月書店。後藤道夫（2017）「福祉国家ビジョンと介護保障」〔岡﨑祐司・福祉国家構想研究会（編）『新福祉国家構想⑥　老後不安社会からの転換 ── 介護保険から高齢者ケア保障へ』に収録〕大月書店、363-374頁。
13 わが国の社会保障を改善する目的での課税政策については、当然ながら、論者間に大きな差異が認められる。そうした認識のうえで、直前の脚注12では、福祉国家構想研究会や、不公正な税制をただす会などの政策提言書を紹介した。とはいえ、他の政策がそうであるように、彼らの主張に問題点がないわけではない。

　前記の政策集団が提唱する、主に大企業や富裕層に対する課税政策を断行した場合、税制間および税と消費の玉突き現象が、相当の規模で生じることが想定される。しかし、先の政策集団による提言は、こうした玉突き現象を、どこまで考慮に入れて導き出された推計値なのかが明確ではない。こうした点に関する詳細は、今後の拙稿に譲るが、いずれにしても、今後のより良い代替案の構築を促すためにも、より詳細なシミュレーションに依拠した課税政策の提言が求められるといえよう。
14 いわゆる左派やリベラル系の論者は、ソーシャルアクションの重要性を指摘する

傾向が強い。これに関して、井手英策は次のように指摘している。「人間不信、政治不信だけではない。『世界価値観調査』によれば、僕たちは、国際的にみて、平等、自由、愛国心、人権といった『普遍的な価値』すら分かちあえない国民になりつつある。［……］価値を分かちあうことができず、利己的で孤立した『人間の群れ』と化しつつある日本社会。このように共在感や仲間意識をもてない『人間のあつまり』にとって、目の前の人びとの苦しみは自分の苦しみにはならないだろう。はたして、左派やリベラルは、こうした社会状況をどこまで認識しているだろうか」。本論で指摘した分析結果を踏まえたとき、井手のこうした見解は傾聴に値するといえよう。次を参照。井手英策（2018）『幸福の増税論——財政はだれのために』岩波書店、51-52頁。井手英策・古市将人・宮崎雅人（2016）『分断社会を終わらせる——「だれもが受益者」という財政戦略』筑摩書房。

参考・引用文献一覧

〈著書〉
阿部敦（2018）『「新しい社会保障教育」政策と地域共生社会』関西学院大学出版会。
阿部敦（2018）『増補版　社会保障抑制下の国家・市民社会形成 ── 社会保障・社会福祉教育の展開と市民社会の弱体化』金沢電子出版株式会社。
井手英策（2018）『幸福の増税論 ── 財政はだれのために』岩波書店。
井手英策・古市将人・宮崎雅人（2016）『分断社会を終わらせる ──「だれもが受益者」という財政戦略』筑摩書房。
稲葉剛・青砥恭・唐鎌直義・藤田孝典・松本伊智朗・川口洋誉・杉田真衣・尾藤廣喜・森田基彦・中西新太郎（2016）『ここまで進んだ！　格差と貧困』新日本出版社。
岩崎晋也・岩間伸之・原田正樹（編）（2014）『社会福祉研究のフロンティア』有斐閣。
上野千鶴子・中西正司（編）（2008）『ニーズ中心の福祉社会へ ── 当事者主権の次代福祉戦略』医学書院。
岡﨑祐司・福祉国家構想研究会（編）（2017）『新福祉国家構想⑥　老後不安社会からの転換 ── 介護保険から高齢者ケア保障へ』大月書店。
小塩隆士（2015）『18歳からの社会保障読本 ── 不安のなかの幸せをさがして』ミネルヴァ書房。
金澤誠一（2012）『最低生計費調査とナショナルミニマム ── 健康で文化的な生活保障』本の泉社。
上昌広（2015）『日本の医療格差は9倍 ── 医師不足の真実』光文社。
河合克義（2015）『老人に冷たい国・日本 ──「貧困と社会的孤立」の現実』光文社。
権丈善一（2016）『ちょっと気になる社会保障』勁草書房。
権丈善一（2015）『年金、民主主義、経済学 ── 再分配政策の政治経済学Ⅶ』慶應義塾大学出版会。
児島亜紀子・伊藤文人・坂本毅啓（編）（2015）『現代社会と福祉』東山書房。
榊原英資（2011）『日本をもう一度やり直しませんか』日本経済新聞出版社。
城繁幸・小黒一正・高橋亮平（2010）『世代間格差ってなんだ ── 若者はなぜ損をするのか？』PHP。
鈴木優美（2010）『デンマークの光と影 ── 福祉社会とネオリベラリズム』壱生舎。
鈴木亘（2014）『社会保障亡国論』講談社。
鈴木亘（2010）『社会保障の「不都合な真実」── 子育て・医療・年金を経済学で考える』日本経済新聞出版社。
髙橋洋一（2018）『なぜこの国ではおかしな議論がまかり通るのか ── メディアのウソに騙されるな、これが日本の真の実力だ』KADOKAWA。
堤未果（2015）『沈みゆく大国アメリカ ── 逃げ切れ！　日本の医療』集英社。
不公平な税制をただす会（編）（2018）『消費税を上げずに社会保障財源38兆円を生む税制』大月書店。
松尾匡（2016）『この経済政策が民主主義を救う ── 安倍政権に勝てる対案』大月書店。
二宮厚美・福祉国家構想研究会（2011）『誰でも安心できる医療保障へ ── 皆保険50年

目の岐路』大月書店。
日野秀逸（監修）・労働運動総合研究所（編）（2013）『社会保障再生への改革提言 ── すべての人の生きる権利を守りぬく』新日本出版社。
宮本太郎（編）（2011）『弱者99％社会 ── 日本復興のための生活保障』幻冬舎。
宮本太郎（編）（2010）『自由への問い2 社会保障 ── セキュリティの構造転換へ』岩波書店。
山岸俊男（1999）『安心社会から信頼社会へ ── 日本型システムの行方』中央公論新社。
湯元健治・佐藤吉宗（2010）『スウェーデン・パラドックス ── 高福祉、高競争力経済の真実』日本経済新聞出版社。
横山壽一・池尾正・増田勝・長友薫輝・今西清（2018）『いま地域医療で何が起きているのか ──「地域医療構想」のねらい』旬報社。
横山壽一・阿部敦・渡邊かおり（2011）『社会福祉教育におけるソーシャル・アクションの位置づけと教育効果 ── 社会福祉士の抱く福祉観の検証』金沢電子出版株式会社。
横山壽一（2003）『社会保障の市場化・営利化』新日本出版社。

〈論文など〉
青木耕太郎（2018）「ブラック企業に対抗する労使関係の構築」『社会政策』9（3）、社会政策学会。
阿部敦（2019）「大学生と福祉系専門学校生の属性および自己評価に関する一考察 ──『社会保障観』の把握を目的としたアンケート調査結果を通じて」『佛大社会学』（43）、佛教大学社会学会。
阿部敦（2019）「わが国の若年層が抱く『社会保障観』における性差」『人間福祉研究』（18）、人間福祉学会。
阿部敦（2018）「わが国における社会保障政策の有効度合い ── 安倍『社会保障改革』を射程に入れて」『福祉と看護の研究誌』（5）、愛知高齢者福祉研究会。
阿部敦（2018）「これからの社会像としての『地域共生社会』とその含意 ──『新しい社会保障教育』政策と並行する『地域共生社会』観」『九州龍谷短期大学紀要』（64）、九州龍谷学会。
阿部敦（2018）「福祉系大学生と福祉系専門学校生の抱く『社会保障観』── 教育機関の差異は、学生の『社会保障観』に影響を与えるのか」『福祉研究』（112）、日本福祉大学社会福祉学会。
阿部敦（2017）「現役大学生の有する『社会保障観』への接近 ── 因子分析、クラスター分析、t検定、相関比を用いて」『社会福祉科学研究』（6）、社会福祉科学研究所。
阿部敦（2017）「わが国の若年層が有する『社会保障観』の現状と未来 ──『損得勘定的』社会保障観の克服に向けて」『医療・福祉研究』（26）、医療・福祉問題研究会。
阿部敦（2016）「平成27年度版高等学校公民科（現代社会）における社会保障の描かれ方 ──『社会保障の教育推進に関する検討会報告書』との比較」『社会福祉科学研究』（5）、社会福祉科学研究所。
阿部敦（2015）「中学・高校生を対象にした社会保障教育政策 ──『社会保障の教育推進に関する検討会報告書』の観点から」『地域福祉サイエンス』（2）、地域福祉総合研究センター。
阿部敦・渡邊かおり（2013）「社会事業教育における社会科学の視点 ── 戦前・戦後の

つながりに注目して」『奈良女子大学社会学論集』(20)。
阿部敦・渡邊かおり（2011）「戦後日本における社会福祉従事者の養成政策について ―― 1940年代及び1980年代に焦点をあてて」『奈良女子大学人間文化研究科年報』(26)。
石倉康次（2014）「『税と社会保障の一体改革』の歪みとそれを正す力」『総合社会福祉研究』(43)、総合社会福祉研究所。
磯野博（2018）「障害者権利条約パラレルレポート作成に向けて ―― 就労と所得保障を焦点にして」『国民医療』(337) 2018年冬季号、公益財団法人 日本医療総合研究所。
宇沢弘文・内橋克人（2009）「新しい経済学は可能か（3）―― 人間らしく生きるための経済学へ」『世界』(792)、岩波書店。
梅原英治（2017）「社会保障は財政赤字の原因か？ そうであり、そうでない」『医療・福祉研究』(26)、医療・福祉問題研究会。
大沢真理（2013）「福祉レジーム論から生活保障システム論へ」GEMC journal (9)。
大沢真理・宮本太郎・武川正吾（2018）「座談会 本来の全世代型社会保障とは何か（特集 反貧困の政策論）」『世界』(904)、岩波書店。
落合恵美子・阿部彩・埋橋孝文・田宮遊子・四方理人（2010）「特集：ケア労働の国際比較―新しい福祉国家論からのアプローチ ―― 日本におけるケア・ダイアモンドの再編成：介護保険は『家族主義』を変えたか」『海外社会保障研究』(170)、国立社会保障・人口問題研究所。
片岡えみ（2015）「信頼社会とは何か ―― グローバル化と社会的公正からみたEU諸国の一般的信頼」『駒澤社会学研究』(47)。
坂田桐子（2014）「選好や行動の男女差はどのように生じるか ―― 性別職域分離を説明する社会心理学の視点」『日本労働研究雑誌』56 (7)、労働政策研究・研修機構。
芝田英昭（2018）「基調講演 『地域共生社会』の批判的検討」『国民医療』(338) 2018年春季号、公益財団法人 日本医療総合研究所。
嶋内健（2011）「デンマークの積極的雇用政策 ―― 失業保険・再就職支援」『社会政策』3 (2)、社会政策学会。
清水俊朗（2018）「市場化が進む保育施策と保育労働の実態」『社会政策』9 (3)、社会政策学会。
武川正吾・角能・小川和孝・米澤旦（2018）「高福祉高負担論への支持動向の反転 ―― 2010年代の変化に注目して」『社会政策』10 (2)、社会政策学会。
中田大悟（2012）「税・社会保障の所得再分配効果 ―― JSTARによる検証」独立行政法人 経済産業研究所（ディスカッションペーパー）。
浜岡政好（2017）「問題提起 福祉現場のこれからを考える ――『我が事、丸ごと』戦略を知る」『総合社会福祉研究』(48)、総合社会福祉研究所。
水本篤・竹内理（2008）「研究論文における効果量の報告のために ―― 基礎的概念と注意点」『英語教育研究』(31)、関西英語教育学会。
三田雅敏・伊藤知佳・指宿明星（2007）「男女の思考パターンに違いはあるか？ ―― 男脳・女脳の分析」『東京学芸大学紀要（自然科学系）』(59)。
峰島厚（2017）「社会福祉法人制度改革の現段階と実践、事業運営、運動の課題 ――『我が事・丸ごと』地域共生社会施策の一つとしての社会福祉法『改正』問題を考える」『総合社会福祉研究』(48)、総合社会福祉研究所。

村上武敏（2017）「高齢者の貧困・社会的孤立と社会保障──『誰もが安心して暮らせる社会』に必要なものは何か」『総合社会福祉研究』(48)、総合社会福祉研究所。
村田隆史（2018）「失業がもたらす貧困と社会保障制度の果たす役割」『国民医療』(337) 2018年冬季号、公益財団法人 日本医療総合研究所。
森詩恵（2018）「わが国における高齢者福祉政策の変遷と『福祉の市場化』」『社会政策』9(3)、社会政策学会。
横山壽一（2017）「社会保障・税一体改革をめぐる攻防」『医療・福祉研究』(26)、医療・福祉問題研究会。
横山壽一（2017）「『人材への投資』という名の成長のための『人づくり』──『骨太の方針2017』『未来投資戦略2017』を読む」『国民医療』(335) 2017年夏季号、公益財団法人 日本医療総合研究所。

〈雑誌〉
「福祉のひろば」（2018年4月号）、総合社会福祉研究所。
「福祉のひろば」（2018年3月号）、総合社会福祉研究所。
「福祉のひろば」（2018年2月号）、総合社会福祉研究所。
「福祉のひろば」（2017年11月号）、総合社会福祉研究所。
「福祉のひろば」（2017年10月号）、総合社会福祉研究所。

〈新聞など／Web版を含む〉
朝日新聞（2018）5月26日。
朝日新聞（2018）5月15日。
朝日新聞（2018）4月4日。
朝日新聞（2018）3月5日。
朝日新聞（2018）2月8日。
朝日新聞（2017）12月6日。
時事通信（2018）6月15日。
時事通信（2018）5月21日。
時事通信（2018）5月18日。
時事通信（2018）4月12日。
日本経済新聞（2017）9月12日。
毎日新聞（2016）8月5日。
毎日新聞（2018）1月3日。
読売新聞online（2014）12月22日。

〈その他〉
「新しい経済政策パッケージ」2017年12月8日（閣議決定）。
株式会社ベネッセホールディングス報告書「専門学校生の学習と生活に関する実態調査」2017年9月27日。
河合塾「2019年度入試情報　2019年度創設 専門職大学とは」2017年12月28日。
きょうされん「障害のある人の地域生活実態調査の結果報告」2016年5月17日。
厚生労働省「平成27年 医療施設（動態）調査・病院報告の概況」
厚生労働省雇用均等・児童家庭局家庭福祉課「ひとり親家庭の支援について」2013年9

月 10 日。
国立社会保障・人口問題研究所「社会保障費用統計（平成 27 年度）」の「報道発表・概要」
財務省「日本の財政関係資料」2016 年 4 月、2016 年 10 月、2017 年 4 月。
障害関係団体連絡協議会　障害者の高齢化に関する課題検討委員会「障害者の高齢化に関する課題検討報告」2015 年 5 月。
生活保護問題対策全国会議（他）「利用者数の増加ではなく貧困の拡大が問題である──『生活保護利用者過去最多』に当たっての見解」2011 年 11 月 9 日。
全国保育協議会「全国の保育所実態調査報告書 2011」。
内閣府「社会保障・税一体改革の論点に関する研究報告書」2011 年 5 月 30 日。
「新春社会保障講演会　講演録──日本の社会保障をめぐる情勢と私たちの課題　講師：横山壽一（佛教大学）教授」2018 年 2 月 4 日（於：金沢市武蔵・近江町交流プラザ 4 階集会室／主催：石川県社会保障推進協議会）。
OECD（2016）「社会支出は多くの OECD 諸国で過去最高水準で高止まりしている」
OECD（2016）Social Expenditure Update 2016：Social spending stays at historically high levels in many OECD countries

注：インターネットからの引用に関しては、各章脚注を参照のこと。

初出一覧

第1章　わが国における社会保障政策の現状
阿部敦（2018）「わが国における社会保障政策の有効度合い —— 安倍『社会保障改革』を射程に入れて」『福祉と看護の研究誌』(5)、愛知高齢者福祉研究会。

第2章　わが国の若年層が抱く「社会保障観」の現状
阿部敦（2017）「現役大学生の有する『社会保障観』への接近 —— 因子分析、クラスター分析、t検定、相関比を用いて」『社会福祉科学研究』(6)、社会福祉科学研究所。

阿部敦（2019）「わが国の若年層が抱く『社会保障観』における性差」『人間福祉研究』(18)、人間福祉学会。

第3章　福祉系大学生と福祉系専門学校生の抱く「社会保障観」
阿部敦（2018）「福祉系大学生と福祉系専門学校生の抱く『社会保障観』—— 教育機関の差異は、学生の『社会保障観』に影響を与えるのか」『福祉研究』(112)、日本福祉大学社会福祉学会。

第4章　わが国の若年層が抱く「社会保障観」の未来像
阿部敦（2017）「わが国の若年層が有する『社会保障観』の現状と未来 ——『損得勘定的』社会保障観の克服に向けて」『医療・福祉研究』(26)、医療・福祉問題研究会。

あとがき

　筆者としての見解は、ここまでにおおよそ述べたつもりだが、本論を書き終えた現段階で、敢えて付記すべきことを挙げるなら、それは「若年層からの声」ということになるであろう。

　本論の第5章では、40歳代以上の大学教員や福祉現場の責任者らに、アンケート調査結果について自由闊達に論じていただいた。換言すれば、アンケート調査対象者である若年層世代からの見解は含まれていない、ということである。しかし、それは紙幅の関係上、割愛したまでであって、実際には、20歳代後半から30歳代前半の福祉領域の専門家からも、アンケート調査結果について議論していただいた。本論には組み込めなかったが、そうした若年層の一人である米澤歩（大阪府の支援学校教諭）による以下のコメントを紹介したい。

　　（前略）私は教諭採用されてからの6年間、大阪府立の支援学校――大阪府では『特別支援学校』ではなく、『支援学校』と呼んでいます――で働いています。生徒の障害は多様ですが、主に知的障害のある生徒が多い学校だとお考え下さい。
　　支援学校で働くなかで痛感することがあります。それは、この日本社会は、障害の種類（身体、知的、精神、また加齢による障害）にかかわらず、障害者全般に対して『不寛容な社会だ』ということです。
　　卒業生として、生徒らを社会に送り出すことは大きな喜びです。しかし、そこには怖さが付随します。なぜなら生徒の中には、家庭環境や家族関係の都合から、支援学校を卒業した後、家を出て自立する必要のあるケースが少なくないからです。その場合、私や同僚教員が非常に心配するのは、社会の不寛容さにより、障害者が社会的に孤立することです。社会的孤立は、仕事に躓いてしまう可能性を著しく高めるからです。

障害者への理解が職場にあれば良いのですが、相談相手に恵まれず、退職に至る現実も数多く存在します。そうなれば、収入が途絶えることになるため、本来であれば(次の仕事が見つかるまでの間)生活保護の申請など、セーフティネットの活用が望まれます。しかし、社会との繋がりが脆弱な彼ら彼女らは、自分で動くことができず、孤立が深まります。
　その結果、社会の側が気付いたときには、相当深刻な状況になっている可能性が想定され、現にそういったケースは多数認められます。生きるためにコンビニで万引きをする累犯障害者の存在は、まさに社会構造によって生み出された側面が強いもので、防ぐことができた犯罪です。
　このように、最も援助が必要なところに援助の手が届かない理由は、社会的孤立によるところが大きいと考えます。言い換えれば、社会との接点や他者からの働き掛けがないと、特に障害者にはハードルが高くなりがちな申請主義の生活保護制度には、大きな問題があります。それよりも、社会保障制度の再分配機能の強化はもちろん、ベーシックインカムという観点からも、障害者を支える制度について議論を深める必要があるのではないか、との思いを強くしています。
　生活保護への偏見が根強い日本社会ですから、ベーシックインカムなどを議論しようとすれば、さらにハードルは上がることでしょう。とはいえ、障害者教育に携わる者としては、そうした議論の必要性を痛感するのが本音です。仮に一健常者として利己的に考えたとしても、人は高齢になれば、何らかの障害を抱えます。実際、わが国における障害者の半数近くは、65歳以上です。つまり、障害者が直面している困難は、いずれ高齢者となる我が身にも降りかかる可能性があるわけです。
　なお、障害者に不寛容な社会に関連して、健常に生まれても（親によって）障害が生み出される可能性が高まっているという現実もあります。たとえば、乳幼児に対して、テレビだけでなくスマホやタブレット端末などを手渡している親が増えていると聞きます。泣き止ます手段として、スマホを積極的に活用している親が認められる、ということです。
　たしかに、泣き止むのかもしれません。しかし、泣いている子どもが

世話をしてくれる人に触れ、人との関係性を作ろうとしているまさにその時に、世話をしてくれるはずの人が強い刺激性のあるスマホを（静かにさせるために）多用すると、結果として子どもの側では『親との愛着形成』が困難になります。こうしたIT機器の乱用を踏まえ、ある先生は、今後、愛着障害は増えていくだろうと話されていましたが、当然、愛着障害になれば、人との関係を構築することが困難になるわけですから、その後の支援が必要になってきます。こうして、親によって生み出される人為的で後天的な障害は、増大傾向にあると危惧されるわけです。

　皆が何らかの障害を抱える時代に生きている。だからこそ、皆に生きやすい社会を作ること。それが大切だと思うのです。ベーシックインカムを議論することは、決して極論ではないという思いを抱く程、現場は疲弊しています。また、親によるIT機器の乱用も、実は子育ての社会的孤立が背景にあると考えられます。親への支援、つまり子育て支援の充実は、愛着障害の増大を避ける意味でも重要になります。

　障害者や子どもが生きやすい社会は、実は健常な子どもや大人にも生きやすく、安心して歳を重ねられる社会であるはずです。そのことは、再度、強調したいと思います。

この米澤教諭のコメントを受けてからほどなくして、公官庁による障害者の法定雇用率に関する大規模な水増しという実態が報道された。共生社会の旗振り役が、実は障害者への配慮を著しく欠いていたという現実は、米澤教諭が指摘するところの「社会的不寛容さ」の反映であるといえよう。

＊　＊　＊

　本論を閉じるにあたり、お世話になった方々への謝辞を記しておきたいと思います。

　はじめに、これまで同様、長年にわたる研究指導を快く引き受けてくださった横山壽一先生に、最大限の謝意を申し上げたいと思います。横山先生には、公私にわたり、長年お世話になってきましたが、特にここ数年間のお力添えには、言葉では言い表せない程のありがたさを感じてきまし

た。前作の「あとがき」と、同じ言葉の繰り返しになりますが、変わらないお力添えには、本当に同じ感謝の言葉しか出てきません。横山先生、本当にありがとうございました。

　第2～4章の統計部分に関しては、当該領域に明るい中川一成先生（株式会社エスミ・アプリケーション開発部門）に、分析結果の解釈の妥当性に関して、ご指導とご助言を頂いたことに深く感謝申し上げます。特に第4章で用いた判別分析を行う際、探索的な変数の削除を行う必要性を、中川先生からご指導いただいたことは、そのような知識のなかった私にとって、大変貴重なアドバイスでした。また、筆者による文章に関しても、複数回、内容確認をしていただきました。中川先生、本当にありがとうございました。なお、同じく統計分析の内容確認という意味では、関西学院大学の査読担当の先生にも大変お世話になりました。中川先生と同じく、感謝申し上げます。

　編集作業においては、前作に引き続き、関西学院大学出版会の田中直哉様と辻戸みゆき様に、大変お世話になりました。ありがとうございました。また、校閲作業に関しても、前作に引き続き、中倉香代様と山元理恵様にお力添えを頂きました。深く感謝申し上げます。

　現任校の豊田保先生には、公私にわたり、様々なお力添えを頂きましたことに感謝申し上げます。豊田先生との出会いなくして、今の私はなかったと確信しております。同様に、石倉康次先生、井上英夫先生、安斎育郎先生、檜枝洋紀先生、水崎幸一先生、竹中健先生にも感謝申し上げます。

　最後になりますが、ここに書ききれなかった、お世話になった数多くの方々に、心からの御礼を申し上げる次第です。長年に亘り支えていただき、本当にありがとうございました。

2019年8月

阿部　敦

著者略歴

阿部 敦（あべ・あつし）

　九州看護福祉大学 教授

　金沢大学大学院 社会環境科学研究科 博士後期課程 修了
　　博士（社会環境科学・金沢大学）
　　学士（人間科学・早稲田大学）
　後年、論文博士制度による学位取得
　　博士（社会福祉学・佛教大学）

　主要業績として、以下の著書（単著）がある。
　『「新しい社会保障教育」政策と地域共生社会』関西学院大学出版会、2018年7月。
　『増補版 社会保障抑制下の国家・市民社会形成 —— 社会保障・社会福祉教育の展開と市民社会の弱体化』金沢電子出版株式会社、2018年1月。

日本の若者たちは社会保障をどう見ているのか

2019年9月12日初版第一刷発行

著　者	阿部　敦
発行者	田村和彦
発行所	関西学院大学出版会
所在地	〒662-0891
	兵庫県西宮市上ケ原一番町1-155
電　話	0798-53-7002
印　刷	協和印刷株式会社

©2019 Atsushi Abe
Printed in Japan by Kwansei Gakuin University Press
ISBN 978-4-86283-287-0
乱丁・落丁本はお取り替えいたします。
本書の全部または一部を無断で複写・複製することを禁じます。